Contents

AROUND

Vol. 84
2022 July

산책자 A Walker

ISSN 2287-4216
ISBN 979-11-6754-005-8
KRW 18,000

Yoon Jinseo, Kim Mijae, Jung Jidon, Hong Jungmi, Onulun, Kim Seoul, gomgomyoga, Kim Hyena, Jeon Youngeun, Lee Jinhee, Kim Shinhye, Pyobyobyo, Kim Jongkwan, Spotify, Bradley Waller

가로등도 없이 휴대폰 조명에 의지하며 깜깜한 밤길을 걸은 적이 있다. 처음
가본 길이 아닌데도 끝이 보이지 않고, 불안하고 지루했다. 아무것도 보이지
않던 그제야 내가 기억하는 길의 풍경을 제대로 떠올려 볼 수 있었다. 몇 번이고
지나친 기억 속의 이 길은 단 한 번도 같은 적이 없었다. '걷기는 바깥세상과
친해질 유일한 방법이구나.' 느끼게 된 것이다. 계절이 바뀔 때면 자연을
듬뿍 느끼기 위해 더 많은 사람이 밖으로 향한다. 누군가는 생각을 잊기 위해,
누군가는 떠오르지 않는 생각을 해내기 위해, 누군가는 고양이에게 밥을 주기
위해, 누군가는 건강을 위해 저마다 다른 이유로 집을 나선다. 그리고 주변을
어슬렁거리며 잔잔하게 앞으로 나아간다. 사소하며 일상적이라 제대로 나눠 본
적 없던 산책을 이번 호에 담아 보았다. 일과 쉼, 그리고 자신의 이야기를 가감
없이 나누어 준 이들의 공통점은 누구보다 나를 잘 알고 보듬어주며 스스로
속도를 조절할 줄 아는 사람이라는 것이다. 이 책을 덮은 후, 독자들도
'산책 한번 나가 볼까?' 하며 밖으로 나서는 모습을 그려 본다.

김이경—편집장

As I Walk

조용한 길모퉁이에서

Bradley Waller—Photographer

에디터 **이주연**

만나서 반가워요.

안녕하세요. 저는 브래들리 월러Bradley Waller예요. 덴마크 코펜하겐에 살고 있지만 원래 살던 곳은 영국 로더럼이에요. 로더럼은 시골 풍경으로 뒤덮인 아주 소박한 마을인데, 어릴 때 형제들과 그 동네 모두를 놀이터 삼아 뛰어다녔어요. 긴 여름 내내 황야를 탐험했고, 매일 마지막 빛이 사라질 때까지 걸었지요. 지금도 눈을 감으면 그 당시 느낀 자유가 떠올라요. 발견의 자유, 배움의 자유, 그리고 익숙한 곳에서 길을 잃을 자유….

고향을 걷는 건 곧 자유였군요. 오늘의 걷기는 어땠어요?

오늘은 집 근처 자연 보호구역에서 저녁 산책을 했어요. 새로운 한 주가 시작되기 전 마음을 정리할 겸 일요일마다 이곳을 걸어요. 오늘은 걷다가 문득 왼쪽 시야에서 황금빛 나무들이 우거져 있는 걸 보았어요. 꼭 알라딘의 나무 동굴 같았죠. 늘 걷던 길인데 어떻게 이전엔 이 풍경을 몰랐을까요? 산책하다 보면 가장 잘 안다고 생각하는 곳에서도 자꾸 새로운 게 보여요.

산책할 때만 보이는 풍경들이 있고, 그게 일상을 새롭게 하죠.

산책하다 보면 많은 게 저한테 걸어오는 듯한 느낌이 들어요. 저 또한 어떤 사물이나 풍경을 향해 걷고, 또 멀어지기도 하죠. 모든 걸음엔 발견과 탐험이 함께하고요. 그럴 때마다 마음이 맑아지는 기분이 드는데, 미국에서는 이제 의사가 환자를 위해 국립공원 입장권을 처방할 수 있게 되었대요. 전 이게 무척 훌륭한 처방이라고 생각해요. 의사가 환자에게 '걷기'를 처방한다니! 걷기가 우리에게 힘을 준다는 아주 멋진 증거예요.

역시 걷기의 힘은 대단하네요. 브래들리는 어디를 걷든 항상 카메라를 가지고 다닐 것 같아요.

맞아요. 카메라를 목에 걸지 않고는 집을 떠나지 않아요. 사진을 단 한 장도 찍지 않은 날은… 이제 기억나지 않아요. 요즘은 도시 속에서 자연을 포착하는 데 푹 빠져 있어요. 최근엔 자연과 연결되는 일이 줄어서인지, 사진으로 남겨두는 게 지금 있는 것들을 보존하는 행위처럼 느껴져요. 미국 포토그래퍼 조엘 메예로비츠Joel Meyerowitz가 이런 얘길 한 적이 있어요. "사물은 있는 그대로 충분히 좋으며, 우리는 그것에 손댈 이유가 없다." 저는 그런 '있는 그대로 충분히 좋은' 풍경을 담고 싶어요. 작은 세탁소, 길가의 꽃들, 조용한 길모퉁이…. 우리가 사는 곳이 우리를 구성한다는 것은 참 매력적이지 않나요?

문득 깨닫고 나면 신비로운 사실이죠. 브래들리에게 산책은 어떤 의미예요?

10대 시절 꽤 힘든 하루를 보내고 하교한 날이 있었어요. 그때 엄마는 부엌에서 다림질을 하고 계셨죠. 저는 무엇을 해야 할지, 무엇을 말해야 할지 몰랐고… 그냥 울기 시작했어요. 방 건너편에서 그러고 있는 저를 보고 엄마가 "산책하자."고 했죠. 걷기를 생각하면 가장 먼저 떠오르는 장면이에요. 그 이후로 산책을 더 좋아하게 됐어요. 저는 제가 사는 도시의 리듬 속에

있는 걸 특히 좋아해요. 제 발밑의 모래 느낌, 제 신발 밑에 닿아오는 그 감촉은 정말 멋져요. 요즘엔 나무들 사이로 태양이 떠오르는 것을 보는 게 좋아요. 가끔은 제가 오를 수 있는 가장 높은 언덕까지 단숨에 뛰어오르고 싶기도 해요.

SNS에 이런 글을 쓴 적이 있죠. "저는 아침 햇살과 안개를 포착하기 위해 동네를 40분 정도 걸었어요. 언덕 꼭대기에 도착했을 때, 비로소 제가 찾던 이미지를 만날 수 있었죠." 원하는 풍경을 찾기 위해 기다리기도 하고, 걷기도 하고, 우연을 가장한 필연을 생각하기도 하는 것 같아요.
아주 친숙한 곳이지만 10여 년 동안 한 번도 본 적 없는 풍경이었어요. 저에게 사진을 찍는다는 건 걷는 것과 마찬가지로 발견의 연속이에요. 그러니까 이렇게 '원하는 이미지'를 찾아 걷는 건, 제가 해보지 않은 일이었죠. 오늘도 비슷한 시도를 해보았어요. 산책 중에 문득 저녁 불빛을 포착하고 싶다는 생각이 들었거든요. 시간이 지날 때까지 조금 기다렸고 비로소 원하는 이미지를 얻게 됐어요. 전 특히 저녁 시간대에 아름다움이 있다고 믿어요. 그건 마치… 속도를 늦춰 걸을 때에야 볼 수 있는 것처럼 느껴지기도 해요. 이 시간이면 많은 사람이 직장에서 집으로 돌아올 것이고, 광적일 정도로 활기찼던 에너지는 노을이 지는 순간 고요하게 정착하겠죠. 그게 바로 제가 오늘 포착하고 싶던 순간이에요. 심호흡하고 휴식을 취하는 느낌을 담고 싶었거든요.

얼마 전에 노르웨이에 다녀오셨죠. 충분한 휴식이 되었나요?
물론이죠! 떠나야겠다고 마음먹자마자 노르웨이 버겐으로 날아갔어요. 공항에서 내리자마자 기차를 탔고, 산으로 올라가 오두막에서 나흘을 보냈죠. 나흘간 눈 덮인 풍경을 사진으로 부지런히 담았어요. 저한텐 아주 생소한 풍경이었는데 현지인들에게는 당연하게 여겨지는 풍경이라는 게 재미있었어요. 여행을 다니면 다닐수록 모든 걸 기록하고 싶어져요. 내가 사는 곳보다 여행지가 훨씬 아름다워 보이는 건 나보다 타인의 좋은 점이 더 눈에 띄는 것과 비슷한 이치겠지요. 우리는 여행지에서 더 많은 재미를 기대하곤 해요. 그런데 멋진 여행을 하고 나면, 우리 주변에도 재미와 근사한 풍경이 함께한다는 걸 새삼스럽게 깨닫게 돼요. 일상이 더 귀해지는 거죠.

최근엔 익숙한 곳에서 어떤 새로움을 발견했어요?
집에서 멀지 않은 곳에 꽃나무가 한 그루 있는데, 수없이 많이 지나간 나무인데도 어느 날 아침엔 유독 다르게 느껴졌어요. 빛과 꽃나무가 만나 서로를 끌어안고 있는 것처럼 보였거든요. 근데 왠지… 사진을 찍고 싶지 않았어요. 그 순간에 완전히 매료된 거죠.

인물보단 풍경에 빠지는 편이군요. 카메라로 인물을 포착해도 그보다 서사에 중점을 두고 있는 것 같아요.
눈썰미가 좋군요(웃음). 인물을 찍을 땐 늘 호기심이 함께해요. 저희 할머니 이야기를 해볼게요. 할머니가 아플 때 지금 할머니 모습을 남기지 않으면 안 되겠단 생각이 든 적이 있어요. 근데 할머니가 "이런 내 모습을 찍지 말아줘."라고 하시더라고요. 물리적인 사람 없이 초상화를 남기는 게 가능한가,라는 질문에 봉착한 저는 그날부터 그녀의 집을 기록하기 시작했어요. 천천히 집의 풍경을 모아 하나의 시리즈를 만들었고, 그걸로 그녀의 초상화를 대신했죠. 물론 할머니와 함께한 작업이었어요. 저는 에드워드 호퍼에게서 상당히 많은 영감을 받는데, 그에겐 아름다운 태도가 있어요. 답을 필요로 하지 않고 질문을 하도록 만드는 게 그렇죠. 저도 그런 식으로 할머니 없이 할머니의 초상화가 가능할까 생각해본 거였어요. 성공적인지는 모르겠지만, 인물을 찍을 땐 늘 어떤 호기심이나 새로운 태도가 생겨나는 것 같아요.

브래들리의 SNS를 보다가 놀란 적이 있어요. "새로 나온 필름이 빛이 없는 실내에서 어떻게 견딜 수 있는지 보기 위해 주인이 청소하고 있는 가게에 들어가 사진을 찍어도 되겠느냐 물었어요."라는 문장을 보고서였죠.

정말 그랬어요(웃음). 어느 날 코닥에서 연락이 왔어요. 코닥 골드 200, 120 필름이 정식으로 출시되기 전에 시험해 볼 수 있겠냐고요. 저는 본능에 따라 자연광 아래서 촬영하고 싶었지만, 이 필름이 얼마나 다재다능한지 알고 싶어서 가능한 한 다양한 환경에서 촬영해 보자고 마음먹었어요. 그때 그 가게가 눈에 들어왔죠. 정신없이 청소하고 있는 주인에게 가게 안에서 사진을 찍어도 되겠느냐 물었더니 처음엔 당황하시더니 이내 수락해 주시더라고요. 사진을 현상하고 가장 인상 깊었던 건 가게 벽에 그려진 그림이었어요. 코펜하겐 사람이 모여 즐겁게 술 마시는 모습이었죠. 실내에서 실험해 보길 잘했다는 생각이 들었어요. 현장에선 눈에 띄지 않던 모습에 눈길이 미칠 만큼 좋은 성능의 필름이란 걸 알게 됐으니까요.

실험하는 걸 좋아하는 것 같아요. 흑백 필름을 실험해 본 적도 있죠? 몇 롤 사용하고 나니 본인이 컬러 포토그래퍼라는 걸 확실히 알게 되었다고 했죠.

흑백 필름을 찍다 보니 흑백 사진은 제가 여태 가지고 온 것과는 다른 사고방식이 필요하다는 걸 금방 깨달았어요. 저는 세계의 모든 색깔과 생동감을 보고 싶은 사람이에요. 제 눈길을 사로잡는 이미지 속에서 색들이 춤추는 걸 보는 게 즐거우니 저는 컬러 필름에 최적화된 포토그래퍼인 거죠. 그런데도 저는 여전히 흑백 필름을 시도해요. 색이 없으니 더 많은 의도를 가지고 질감에 초점을 맞출 수 있거든요. 컬러 필름처럼 자연스러운 느낌을 포착하긴 어렵지만, 이런 시도는 믿을 수 없을 만큼 건강하다고 믿어요. 모든 도전은 세상을 다른 방식으로 보게 만드니까요.

브래들리의 그런 시도가 좋아요. 실패를 바라보는 태도도 그렇고요. "약간 흐릿한 거 알아요….".라면서 초점 나간 사진을 업로드하기도 하잖아요(웃음).

하하하(웃음), 그 말을 듣고 보니 저는 제 일이 정말 재미있나 봐요. 이건 때때로 감각적인 경험처럼 느껴져요. 사진은 단순히 보는 것만이 아니라 냄새나 감각을 불러올 수 있다는 느낌이 들거든요. 저는 이미지가 선명할 때, 메가픽셀을 활용할 때 더 좋아진다고 생각하는 사람은 아니에요. 소프트 포커스가 오히려 특정한 질감을 가진 신비로운 분위기를 만든다고 생각하죠. 지금 출시되는 모든 카메라는 이전보다 훨씬 나은 화질이어서 훨씬 선명해요. 도대체 '더 나은 것'의 끝은 어디일까요? 저는 이제 예술적인 선을 그어야 한다고 생각해요. 제가 어떤 이미지를 만들고 싶은지 결정함으로써 말이죠.

그 결정엔 나에게 잘 맞는 카메라나 필름을 찾는 일도 포함될 것 같아요.

지금은 Mamiya RZ67이라는 중형 카메라를 주로 사용해요. 함께 쓰는 Canon AE-1 모델과는 확연한 차이가 있죠. AE-1 모델은 매우 민첩해요. 대부분의 시나리오에서 완벽한 결과를 보여주는 모델이죠. 반면, 상당히 무겁고 번거로운 Mamiya는 수동형이기 때문에 제 머릿속을 계산으로 복잡하게 만들어. 중형 카메라 필름 특성상 한 롤이 열다섯 방밖에 되지 않기 때문에 사진 찍을 때 신중하게 고려해야 해서 더 그렇고요.

그런 복잡한 계산에도 불구하고 중형 카메라를 좋아한다는 거군요. 브래들리에게 사진을 찍는다는 건 어떤 의미예요?

더 많은 사람이 제 사진을 보고 여러 가지를 느끼길 바라요. 주위에 있는 것에 감탄하고 가치를 부여하는 게 나 혼자만이 아니라는 걸 상기시켜 주고 싶거든요. 그러니까… 지금 제가 하는 건 아주 멋진 일인 거죠.

H. instagram.com/_bradleywaller_

I Am Also Nature

날씨의 소리를 머금고

윤진서—배우

에디터 이주연
포토그래퍼 Hae Ran

윤진서는 깊디깊은 숲속을 거닐며 자연의 소리를 채집하고, 파도의
유려한 곡선을 단단한 두 다리로 종종종 걷는다. 제멋대로 자라는
잡초를 솎아내며 땅이라는 우주를 더듬고, 그 거친 우주에 정원이란
그림을 그린다. 그는 자연과 호흡하며 알게 되었다. 자연을 곁 하면
날씨가 들려온다는 걸. 오늘 밤의, 내일의 날씨가 귓가에 머문다는 걸.

밤이 오면 반딧불이로 하늘이 가득해졌어요. 너무 환상적이라 언젠가 사라질 것 같다는 느낌이었죠. 이 장면을 기억하고 싶어서 소리를 담아두곤 했어요. 멋진 풍경을 보면 사진을 찍듯, 소리를 녹음한 거죠.

만나서 반갑습니다. 안부부터 묻고 싶어요. 어떻게 지내고 있어요?

크게 하는 일 없이 매일 바쁘게 지내고 있어요. 연습실에서 요가 수련하고 책 읽고 글 쓰고… 하다 보면 하루가 금세 흘러가요. 7년간 제주에 살다가 얼마 전에 서울로 올라왔는데, 이젠 제주가 훨씬 익숙해져서 서울 구경하는 재미로 지내고 있어요. 쉴 때마다 유명하거나 좋다는 동네를 탐방하고 있죠.

어디 어디 다녀오셨어요?

얼마 전에 경희궁 근처에서 밥 먹고, 차 마시고, 궁궐을 걸었는데 그 코스가 참 좋았어요. 해방촌에서 강아지랑 산책한 것도 좋았고요. 걷다 목이 마르면 눈에 띄는 곳 아무 데나 들어갔는데, 강아지가 함께할 수 있는 가게가 많아서 편하더라고요. 제주는 관광객 중심이어서 반려견이 출입할 수 있는 곳이 많지 않거든요.

배우로 활동한 지 벌써 20년이 넘었어요. 뭐든 10년을 하면 전문가가 된다는데, 배우라는 직업을 이제는 정의해 볼 수 있을까요?

연기하는 사람마다 정의가 다를 거예요. 특별한 정의가 없을 수도 있고, 정의 내릴 수 있는 일이 아닌 것도 같은데, 음… 아직도 잘은 모르겠지만 '뭔가 계속 상상하고 표현해 내야 하는 직업'이라는 생각이 들긴 해요. 기술을 연마한다고 더 잘할 수 있는 일이 아니니까 한마디로 이야기하긴 어려워요. 정의를 내린다고 해도 제가 계속 변하니까 그 정의도 변해갈 것 같고요. 또, 정의 내리는 순간 저 역시 정체돼 버릴 것 같아서 정의 내리고 싶지 않은 마음도 커요. 오히려 연기를 시작했을 때는 '배우는 이런 거야.' 하고 정의하려고 했던 것 같아요. 이 일을 치열하게 연구할 땐 나름대로 좋다고 생각하는 연기가 있었거든요. 자연스러워서 연기 같아 보이지 않는 연기,

누군가의 일상을 담은 다큐멘터리처럼 자연스러운 연기…. 근데 그건 그때 생각이고, 지금은 퍼포먼스적인 연기가 좋아 보이기도 해요. 장면이나 작품마다 보여주어야 할 연기가 따로 있는 것도 같고요.

언제부터 영화에 흥미가 있었어요?

어릴 때부터 흔히 말하는 '시네필'이었어요. 초등학생 때부터 영화를 많이 봤죠. 영화를 통해 인생을 공부하려 들었고 뭔가 궁금해지면 영화를 찾아봤어요. 음악을 알고 싶으면 음악 영화를 보고, 요리가 궁금하면 요리 영화를 봤죠. 감독이 궁금하면 그 사람 작품을 찾아봤고요. 이쪽 일은 특별한 계기 없이 시작하게 됐어요. 어려서부터 음악을 계속해 온 사람이 자라서 음악가가 되듯, 저 역시 꾸준히 영화를 봤고, 자연스럽게 좋아하게 됐고, 주변에 영화 하는 사람이 많았고, 어릴 때부터 오디션을 보러 다녔거든요. 인생을 재미있게 살기 위해 영화를 본 것도 같아요. 그러면서 그 안에 들어가고 싶다는 생각을 한 거고요. 작품 세계를 만들어 가는 과정의 한 부분으로 살아가고 싶었어요.

자연스럽게 이루어진 일이었군요. 좀 진부한 질문이지만, 윤진서의 인생 영화는 뭐예요?

좋아하는 영화는 나이에, 시기에 맞추어 변해가고 있는 듯해요. 어릴 땐 프랑스 영화를 좋아했어요. 〈국외자들〉(1964) 같은 프랑스 젊은이들이 나오는 영화를 좋아했고, 동경하기도 했어요. 아마 자유분방함을 배우고 싶던 것 같아요. 그러다 나이가 드니까 제가 이입되거나 공감을 불러일으키는 인물에게 관심이 가더라고요. 누구나 본인이 공감할 수 있는 작품에 관심을 가지게 되잖아요. 취향이나 공감대는 변할 테니 인생 영화도 바뀌겠죠. 저도 대중이자 관객이니까, 마찬가지예요. 한 작품만 꼬집어 말하긴 힘드네요(웃음).

영화를 보다 보면 유난히 마음 쓰이는 인물을 만나게 돼요. 그 안에도 수많은 노력이 깃들었겠죠?

그럼요. 배우 한 명이 뭔가를 잘 표현해 내는 일처럼 보이기도 하지만 한 사람의 표현만으로 영화가, 인물이 완성되긴 힘들어요. 촬영 감독, 미술 감독, 연출, 작가… 수많은 스태프가 그 안에 자신의 취향과 생각을 조금씩 담고, 구체적으로 한 신Scene을 구성해서 인물을 표현하는 거니까요. 인물이나 상황이 실재하는 것처럼 그려지는 데엔 수많은 사람과 상황이 개입해요. 그렇게 해서 또 다른 세계를 구축하고, 그게 잘 되었을 때 대중이 몰입할 수 있는 거죠. 이런 과정이 있기에 함께 감정을 느끼고, 웃고, 눈물을 흘리고, 공감하는 게 참 좋은 것 같아요. 뭔가를 고민하게 하는 것까지도요. 아무래도 저는 인물보다는 그 인물의 배경, 상황이나 대사 같은 걸 포함해 장면을 기억하는 타입인 것 같아요.

진서 씨는 어떤 연기를 하고 싶어요?

〈매디슨 카운티의 다리〉(1995) 이야기를 해볼게요. 제가 무척 좋아하는 영화고, 무려 10년 동안 꾸준히 보고 있는 영화인데요. 최근 1년간 다섯 번은 본 것 같아요. 누군가는 이 영화를 '결혼한 여자가 한 남자를 만나 나흘 동안 한여름 밤의 꿈 같은 나날을 보냈다.'로 축약할지도 몰라요. 근데 10년 동안 〈매디슨 카운티의 다리〉를 보다 보니 여자 주인공인 프란체스카 존슨의 다양한 모습이 보이더라고요. 이전에는 여자 주인공과 남자 주인공이 헤어지지 않기를 바랐어요. 두 사람의 사랑만 보였고, 너무 마음 아픈 이야기라고 생각했죠. 그런데 최근에는 자식을 향한 사랑도 느꼈어요. 영화 첫 장면이 자식들이 프란체스카의 편지를 읽으면서 시작되거든요. 또, 불륜에 대한 시선이나 그 두려움도 느끼게 됐어요. 저한테 새로운 시각이 생겼다는 걸 알았죠. 이렇게 다양한 해석이 가능하기까지 무려 10년이라는 시간이 걸린 거잖아요. 연기를 여러 방면으로 해석할 수 있게 되면서 인물 안에 복합적인 고민을 녹여내는 게, 겹겹이 싸인 연기를 하는 게 배우의 일이 아닐까 싶었죠.

연기에 대한 고민은 끝나지 않을 것 같은데, 연기 외의 일에도 관심 있어 보여요. 〈경주〉(2013)에서 '협력 프로듀싱 윤진서'라는 크레디트를 보았어요.

저는 계속 여러 가지를 하면서 지내고 싶어요. 감독이나 연출을 하겠다는 포부가 아니라 작게 작게, 계속 재미있는 걸 시도해 보고 싶은 거죠. 〈경주〉에 참여할 땐 미국에서 1년 정도 살다 막 돌아온 때였는데, 미국 독립영화 신에서 〈프란시스 하〉(2012)가 굉장히 관심받던 시기였어요. 〈프란시스 하〉 주인공을 맡은 그레타 거윅Greta Gerwig이

글도 쓰고 감독도 하는 다재다능한 사람이거든요. 그걸 전부 할 수 있다는 게 부러워서 저도 직접 이야기를 만드는 모든 역할에 관심을 가졌죠.

직접 영화를 만들고 싶다는 뜻인가요?

꼭 그렇지만은 않아요. 지금껏 세 권의 책을 냈는데 그것도 이야기를 전하는 일이고, 단편영화나 장편영화를 만드는 걸로 이야기를 풀 수도 있겠죠. 독립영화 스케일일 수도 있겠고, 굳이 영화로까지 만들어야 하나 싶으면 유튜브에 올릴 수도 있을 것 같아요. 꿈이라고 이야기하긴 그렇고… 시네필로 살아온 사람의 몽상이랄까요. 지금도 여전히 재미있는 일엔 관심이 많아요.

그러고 보니 유튜브 채널도 운영하셨죠. 한동안 업로드가 없어서 궁금했어요.

그걸 보는 분이 계신 줄 몰랐어요(웃음). 제주에 살 때 집 앞에서 찍고 그날 바로 편집해서 올린 게 대부분이라 대단할 건 없어요. 대학생 땐 필름 편집도 했는데 지금은 동영상 파일로 붙이기만 하면 되니까 너무 쉬워요.

하지만 굉장히 수고스러운 일이잖아요. 편집하는 시간도 오래 걸리고요.

그래서 제가 만든 건 되게 엉성하잖아요(웃음).

당연히 스태프가 있는 줄 알았어요.

아니에요. 가끔 옆집 친구가 도와준 정도예요. 촬영이라고는 한 번도 해본 적 없는 언니죠. "언니, 휴대폰 좀 들고 있어 봐. 나 귤나무에서 귤 딸 테니까 그거 찍어!" 그러면서(웃음).

심지어 휴대폰 영상이에요?

네. 제 휴대폰이요. 유료 애플리케이션이나 폰트도 안 썼어요. 전체 콘텐츠 중 서너 개 정도는 전문적으로 유튜브 영상 편집 하는 대학 동기가 도와주긴 했는데, 그것도 제가 가편집을 해서 보내야 했어요. 제 손을 거치지 않은 영상이 없죠. 친구들은 구독자가 왜 이렇게 없냐고 그러던데요(웃음).

이제 유튜브로 서울살이도 볼 수 있나요?

유튜브는… 저랑 안 맞는 것 같아요. 사실 영상보다 낭독을 해보고 싶다는 마음은 있는데, 저작권 때문에 어려워요. 제가 쓴 글도 온전히 저한테 저작권이 있는 게 아니고, 그렇다고 새로 쓰자니 시간이 없고요. 글 쓰는 일은 계속 해오고 있어서 늘 마감이 연달아 있거든요. 신기하게 글 쓰는 데는 끝이 없더라고요. 연재 하나가 끝나면 또

들어오고, 끝나면 또 들어오고 그래요. 한동안《한겨레》 신문에서 발간하는 '공감'에 정기적으로 기고했는데요. 촬영에 들어가면서 딱 1년을 채우고 종료했는데, 지금은 또 '밀리의 서재'에 연재하고 있어요. 글 쓰는 건 좋아하는 일이기도 하고, 놓지 않고 싶은 일이기도 해서 계속해 나가고 있어요. 개인 책 작업도 하다 보니까 유튜브 낭독을 위한 원고는 쓸 시간이 없더라고요.

윤진서와 여행은 떼어놓을 수 없는 관계 같아요. "하고 싶은 여행은 새로운 보금자리를 찾는 눈으로 낯선 장소를 바라보고, 어디에서라도 살 수 있을 것 같은 마음으로 집을 떠나오는 것"이라고 책에 쓰기도 했는데, 실제로 여러 나라에서 지내다 오신 걸로 알아요.
여행 정말 좋아하죠. 여행하다가 좋으면 눌러살기도 하고…. 파리에도 왔다 갔다 하면서 한 3년 살아 보았고, 캘리포니아에서도 1년 정도 머물렀어요. 어디든 여행을 가면 '여기서 살면 어떨까.' 항상 생각하는 편이에요. 궁금하면 살아볼 수 있다는 게 프리랜서의 장점이죠. 농담 반, 진담 반인데 여행 진짜 좋아하면 결혼하지 마세요(웃음).

새겨들을게요(웃음). 여행할 땐 어떤 스타일이에요?
정해 놓은 건 없어요. 그때그때 빠져 있는 걸 좇아서 여행해요. 그림이 좋을 땐 미술관 투어를 하면서 큰 미술관부터 자그마한 갤러리까지 다 돌아다녔어요. 같은 그림 여러 번 보는 것도 좋아해서 집 근처에 미술관이 있으면 매일 가서 보며 지냈어요. 서핑에 빠져 있을 땐 바닷가 근처에 집을 구하고 매일 서핑하면서 지냈죠. 같은 바다여도 하루하루가 새롭고 다르거든요. 물의 깊이감도 다르고, 색도 다르고요. 누구랑 바닷가에 있느냐에 따라 또 달라져요. 어떤 도시든 그들만의 문화가 있어서 적응하는 시간이 필요하잖아요. 그 시간까지 모두 여행 같아요. 제가 좋아하는 것에 푹 잠겼다 오는 거죠. 요새는 재즈에 관심이 많아서 다음 여행 테마는 재즈로 하고 싶어요. 재즈 페스티벌 같은 걸 알아봐야 하나, 라이브 공연장을 찾아봐야 하나, 하면서 재즈 여행을 꿈꾸고 있어요.

그럼 여행 계획은 잘 안 세우는 편이에요?
어딜 가더라도 계획한 게 베스트는 아니더라고요. 직접 보면 더 좋은 것들이 있으니까 계획이 전부가 될 순 없겠단 생각이 들었어요. 만약 한 달 여행을 간다면, 숙박은 사흘 정도 잡아요. 적응 기간에 머물 곳만 정하는 거죠. 그러고는 현지인들에게 더 좋은 위치나 장소를 물어보고 이동하곤 하는데, 직접 가보면 선택할 수 있는 옵션이 훨씬 많아져요.

해외 살이가 어렵거나 두렵진 않았어요?
어려운 부분이야 물론 있죠. 근데 묵묵히 받아들이는 편이에요. 어려우면 어려운 대로, 집 컨디션이 엉망이면 '잘못 구했네. 내가 잘못했네.' 하는 식으로요. 어려운 대로 여행의 맛이 있는 것도 같고요. 사실 제가 밤늦게 나가서 돌아다니거나 위험한 상황을 만드는 편은 아니어서 안전하게 지냈던 것 같아요. 별일이 생길 여지가 없었거든요. 어두워지면 집 안에 있고, 새벽 6시쯤 해 뜨고서야 나가는 편이어서 불안할 일이 없었어요. 모험하는 것보단 안전하게 오래 여행하는 게 좋더라고요.

제주에 정착하신 것도 여행하다가 머물고 싶단 마음 때문이었나요?
바닷가에서 사는 게 항상 궁금했어요. 해외에 있는 바다 마을에서 살아볼까도 싶었는데, 가족도 그렇고 상황이 여의치 않아서 서핑할 수 있는 제주를 선택하게 됐죠.

이번 호 주제어가 '산책'인데 유튜브에 숲 산책하는 영상을 종종 올리셨죠. 여행 가야만 볼 수 있는 산책길이 집 앞에 있다는 게 부럽더라고요. 제주 산책은 어땠어요?
환상적이었죠. 제가 주로 산책한 곳은 '곶자왈'인데 바로 집 앞에 있는 숲이었어요. 제가 살 때만 해도 관광객은 한 명도 없고 동네 사람들만 다니던 길이었죠. 그나마도 걷다 만나는 사람은 서넛 정도? 겨울이 오면 썰매 타는 동네 꼬마들만 간혹 보이는 곳이에요. 자연밖에 없는 곳이어서 어떤 날엔 혼자 걷기 두려울 정도였어요. 깊은 숲속이었으니까요.

숲을 산책하며 소리를 녹음하는 게 인상 깊었어요. 녹음기로 자연의 소리를 채집하시더라고요.
깊은 숲속이라 더 소리에 집중한 것 같아요. 처음엔 뭐가 달려 나올까 봐 무서웠어요. 제주에는 들개가 꽤 있어서 주변을 경계하며 걸었죠. 근데 걷다 보니까 두려움 속에서 고요가 생기더라고요. 그러면서 마음도 편안해지고, 바람 소리도 들려왔고요. 산책은 20분 정도 하면 딱 좋잖아요. 근데 이 숲은 한 번 들어가면 한 시간 이상은 걸어야만 해요. 제가 나오고 싶다고 나올 수 있는 게 아니고, 산책을 끝내고 싶다고 끝낼 수 있는 곳이 아니니까요. 그래서 숲을 산책할 땐 책임감 같은 게 생겼어요. 갔다가 돌아올 만큼의 노력을 해야 했으니까요. 산책하면서 새롭게 알게 된 것 중 하나는 소리를 잘 들으면 날씨가 들린다는 거예요. 오늘 밤, 내일 날씨요.

와!

바람 세기, 소리가 어느 정도냐에 따라 달리 들려요. 제주 사람이라면 아마 어떤 이야기인지 아실 거예요. 살면서 보고 듣는 게 온통 자연이니까 자연스럽게 소통법을 알게 되거든요. 바람이 어떻게 부느냐에 따라 파도가 달라질 테고, 멀리서 오는 파도를 보면 내일 날씨가 어떨지 느껴지죠. 이런 자연과의 교감을 가능하게 하는 것이 저한테는 산책이었어요.

도시에서도 다양한 소리에 귀 기울이면서 걷곤 하나요?

도시에서 녹음기를 들고 소리를 녹음한 적은 없지만, 백색 소음은 좋더라고요. 제 연습실 바로 앞에 큰 나무가 하나 있거든요. 그 100미터 뒤에는 지하철이 다니는 길목이 있는데, 바람 소리, 나뭇잎 흔들리는 소리, 지하철이 오가는 소리… 그런 게 뒤섞여 들려오는 게 큰 위로가 돼요. 지나가는 사람들 목소리가 살짝 섞일 때도 좋고요.

도시의 소리 역시 자연의 소리에 가깝군요. 제주의 소리에 관해 좀더 들어보고 싶어요.

바닷가에 모닥불 피워 놓고 듣는 것도 좋아했어요. 그건 매일 해도 좋더라고요. 처음엔 객지 사람이어서 좋은 건가 싶었는데 제주에서 나고 자란 사람들도 좋아하는 소리였어요. 마음만 먹으면 바다에 모닥불을 피울 수 있지만, 그렇다고 매일 할 수 있는 일은 아니니까요. 나무 타는 소리, 바닷소리, 파도가 출렁이는 소리, 작은 풀벌레 소리, 바람 소리…. 그런 게 어우러질 때 기분이 참 묘해요. 곶자왈에서만 들을 수 있는 소리도 있어요. 하루살이나 반딧불이 소리. 밤이 오면 반딧불이로 하늘이 가득해졌거든요. 너무 환상적이라 언젠가 사라질 것 같다는 느낌이 들었어요. 이 장면을 기억하고 싶어서 소리를 담아두곤 했죠. 멋진 풍경을 보면 사진을 찍듯, 소리를 녹음한 거예요.

와, 저는 반딧불이를 한 번도 본 적이 없어요.

정말요? 여름이면 반딧불이 축제를 하는데, 축제 땐 리더를 따라 반딧불이를 구경하면서 숲을 걸어요. 근데 사람들이 너무 많이 오니까 최근엔 반딧불이가 자꾸 사라진다고 하더라고요. 개체 수에 따라 축제를 하다, 안 하다 했는데 올해는 열릴지 모르겠네요. 한번 보러 오세요(웃음).

진서 씨 제주 생활에서 가장 부럽던 게 정원을 가꾸는 거였어요. 정원이라고 하면 잘 가꿔진 화단 같은 게 떠오르는데 사실 되게 수고스러운 일이라고 했죠. 새벽에 일어나 매일 잡초도 뽑아야 하고….

정원 일이 어떤지 전혀 모르고 시작한 거였어요. 하면서 배웠죠. 정원은 처음 구축할 때 어디에 어떤 나무를 심고, 어디에 어떤 꽃을 심을지 먼저 디자인한 상태에서 구역을 나누고 진행하거든요. 잔디가 침범하면 안 되는 영역도 있고, 어디서부터 어디까지가 잔디인지, 꽃나무인지 확인해야 하니까요. 구역이 나뉜 정원에서 시작하면 좀더 수월했을 텐데 저는 아무것도 없는 땅에서 시작한 거라 굉장히 어려웠어요. 《가이아의 정원》 같은 책을 보기도 하고 온라인으로 강의도 들었어요.

온라인에 가드너 수업도 있어요?

그럼요. 플로어링 수업도 있고, 가든 디자이닝도 있고…. 수업마다 과제도 있어요. 다들 어찌나 열심인지, 가드닝에 진심인 수강생이 모여 있어서 배울 게 많았어요. 하나하나 배우며 정원 일을 해나가다 보니까 제주에도 아는 사람들이 생겼죠. 모종 숍을 하시는 분이나 가든 디자이너들인데, 조언도 많이 받았어요. 벌써 정원 가꾼 지 6년째여서 이젠 자리를 제법 잡았거든요. 근데 지금 생각해도 정원 가꾸기는 정말 수고스러운 일이에요. 굳이 표현하자면… 노동으로 그림을 그리는 일 같아요. 지금 그린 그림을 한 계절이 지나야 볼 수 있는 신기한 그림이죠.

화분을 가꾸는 것과는 차원이 다르군요.

아주 달라요. 땅에는 공생 관계가 있어요. 옥수수와 콩 같은…? 반면 경쟁 관계도 있고요. 잘못 심어 놓으면 식물끼리 서로 죽이는 일도 벌어져요. 땅속에 어떤 것들이 숨 쉬고 있는지 계산하고, 생각하고, 미리 구획해 두어야 해요. 가드너는 땅이라는 우주를 관장하고 관리해야 하지만 그렇다고 전지전능한 신은 아니에요. 갑자기 태풍이 오거나 폭우가 쏟아지면 유능한 가드너라고 해도 별수 있나요(웃음). 그런 점이 화분과는 아주 다르죠. 공생 관계는 제가 맺어주는 게 아니라 땅속에서 이루어지는 거예요. 정원은 자연이 구축하는 또 다른 사회라고도 생각해요. 아침에 벌이 왔다 가면 그다음 시간대에 오는 곤충이 따로 있다는 걸 아시나요? 서로 자기만의 질서를 만들어 정원에 깊이를 더하는 거죠. 꽃이 뭔가를 뿜어내고, 그것이 나비를 불러오고… 자연이 계속 순환해야만 정원이란 사회가 깊어지게 돼요. 그럼 저는 거기 또 다른 씨를 뿌리고 묘목을 심으면서 사회가 구성되는 데 도움을 줘요. 정원을 가꾸는 일은 자연과 깊숙이 상호작용하는 일이에요.

잡초 뽑는 건 조금 귀찮은 상호작용인 거죠(웃음)?

처음엔 힘들다고 생각했는데 6년 넘게 하다 보니 중독성이

있어서 할 때마다 마음에 있는 잡념이 사라지는 게
느껴져요. 잡초를 뽑는 데 집중하니까 마음이 정화되기도
하고요. 일본에는 명상 정원이라는 것도 있잖아요.
돌 정원이라고, 돌로 원을 그리고 그 원이 흐트러지면 다시
원을 그리고… 그러면서 안정을 찾는 거예요. 자연과의
교감은 사람을 한결 안정되게 만들어 줘요.

**이번에는 조금 역동적인 이야기를 해볼게요. 서핑! 원래
바다를 좋아하신 줄 알았는데, 《너에게 여름을 보낸다》에
"바다란 책을 읽거나 음악을 듣는 곳에 불과"했고,
"수영이라도 하려고 하면 발이 닿지 않는 곳이 무서워
얼른 땅을 밟아야 안심"됐다는 이야기가 있더라고요.**
서핑이 아니었다면 그 오랜 시간 바다에서 버틸 이유가
없었을 거예요. 5년 동안, 주 3일 이상, 하루에
여덟 시간씩 있었으니까요. 잠잘 때 빼고 2년 반 정도
바다에 떠 있었다고 생각하면 되려나요. 서핑을 하는 건
바다의 언어를 배우는 기분이에요. 바다는 언제나 움직이고
있기 때문에 사람이 떠 있으려면 계속 같은 자리에서
움직여 줘야 해요. 조류를 온몸으로 읽을 수밖에 없고,
물길이 빠져나가는 길을 알아야 하거든요. 바다의 움직임,
그 리듬에 맞춰서 파도를 타야 하는 게 꼭 하나의 언어
같았어요.

서핑하며 "몸 안을 통과한 것이 있었다."고 했어요.
"그것은 분명 정신적인 것이었고 동시에 물컹했는데,
'쇼크'나 '충격' 따위의 단어로는 절대 설명할 수 없는
것들"이라고 쓰셨는데, 좀더 이야기를 들어보고 싶어요.
제가 뭐라고 썼다고요? 보여주실래요(웃음)? 제가 쓴
글인데도 매번 볼 때마다 느낌이 달라요. 지금 읽어보니…
음, 그런 생각이 나네요. 몸 안을 통과한 건 두려움과
동시에 자유로움이었어요. 큰 파도를 뚫고 지나갔을 때,
분명히 정신적인 어떤 것을 경험했어요. 근데 파도를
뚫고 나간 건 육체잖아요. 그러니까, 정신이 육체를 데리고
간 기분이었어요. 제가 뭔가를 준비하고 체력을 단련해서
해낸 일이 아니었죠. 그냥 '반응'이었어요. 그래서
자유로움이라는 기분에 휩싸인 거예요. 제가 그토록
원하던 '진짜 서퍼'가 된 기분이었어요. 서핑을 하다
보면 1−2초씩 이 기분을 만나게 돼요. 파도 위를 걷는
그 순간에요.

'파도 위를 걷는다'는 말 참 좋네요.
비유가 아니라 정말로 파도 위를 걸어요. 초보자들은
파도가 깨지면 하얀 거품을 타면서 앞으로 나가거든요.
근데 초보 단계를 벗어난 서퍼들은 (볼펜을 들고 그림을 그리며)
이렇게, 곡선에 보드를 걸치고 파도를 타요. 파도가

깨지면, 이걸 '사이드 라이딩'이라고 하는데, 파도에
보드를 걸치고 속도를 맞춰 걸어요.

　그림으로 그려 주시니까 조금 상상이 되긴 하는데….
파도의 경사가 고정된 각도로, 굴곡을 지키며 이어지는
건 아니잖아요. 그래서 변하는 곡선에 맞춰서 보드와
나도 움직여 줘야 해요. 수평을 맞추기 위해 보드
앞으로 걸어가거나 뒤로 걸어갈 필요가 있죠. 그러니까
정말 보드를 걷는 거예요. 거기에 클래식 서핑을 하는
친구들은… 아니, 이건 말로 설명할 수 없어요. 직접 봐야
해요. 유튜브에 '싱글 핀 롱보드'라고 검색해 보세요.

　싱글 핀… 핀이 Fin인가요?
제가 검색해 볼게요. 여성들이 타는 걸 봐야 해요.
분명하게 걷거든요. "Single Fin Longboard California
Rides Women" (유튜브를 재생한다.) 보세요. …걷죠?
이렇게, 또 이렇게.

　어? 정말이네요.
서핑은 이렇게 바다와 잘 맞춰 걷는 일이에요.

　**자연은 사람을 참 많이 바꾸어 놓는 것 같아요. 대자연도
그렇지만 집 앞에 핀 작은 꽃도 마음에 변화를 주는 것
같아서요.**
누구나 살아가는 동안 받은 상처가 있을 거예요. 저 역시
약한 면이 있었고, 상처받는 일도 있었어요. 그걸 다 '탁'
놓고 자연에 들어가서 살다 나온 건데요. 사람들과 관계를
끊고 휴대폰을 없애 버린 건 물론 아니었지만, 어느 정도
거리를 두고 살았다고 생각해요. 그러는 동안 여러 변화가
찾아왔어요. 일단, 기본적인 체력이 엄청 좋아졌어요.
좋은 공기를 마셨고, 먹거리도 직접 농사짓고 수확해서
먹었으니 당연하죠. 콜라비, 토마토, 무화과…. 체력이
좋아지니까 하루에 5킬로, 10킬로 걷는 게 그리 큰일이
아니더라고요. 사실 사람도 전부 자연의 일부잖아요. 근데
말을 하는 자연과 그렇지 않은 자연은 달라요. 내 이야기를
들어만 주는 자연과 만나니까 마음이 너무 편하더라고요.
자연은 우리에게 이래라저래라 명령하지 않거든요.
뭐랄까… 피곤함이 사라지고, 10킬로를 걸어도 가뿐한
거예요. 에너지가 계속 유지되니까요. 저는 살면서 스스로
체력이 그렇게 강한 사람이 아니라고 생각했어요. 근데
서핑을 하고, 제주를 수 킬로 걸어 다니면서 '아니네? 나
체력 진짜 좋은 사람이네?'라는 걸 많이 느꼈어요.

　**체력이 좋아진 게 아니라 체력이 원래 좋았다는
뜻인가요?**

저는 그렇게 생각해요. 열여덟 살 때부터 배우 생활을
하면서 여리여리한 사람으로 인식되곤 했어요. 그런 배역
위주로 맡기도 했고요. 근데 서핑을 하면서 몸이 커지고,
단단해지고, 피부색도 짙어지니까 어느 순간 사람들이 절
건강한 사람으로 인식하더라고요. 저는 원래 건강하고
체력이 좋은 사람이었을 거예요. 일찍 일을 시작하면서
세상이 보는 저를 틀에 맞춰 인식했을 수도 있고, 그게
맞다고 스스로 믿고 살아왔을지도 모르겠단 생각이
들었어요. 그러니까… 자연이 저를 원래대로 돌아가게
해준 거죠.

　**책을 읽다 이 문장에 밑줄을 여러 번 그었어요. "하얗고
청순한 여자보다 까맣고 건강한 여자가 혹은 보호 본능을
자극하기보다 보호해 줄 수 있는 사람이 작고 여린 것보단
풍만하고 강한 것이 좋아졌다." 방금 하신 이야기랑
연결되는 것 같아요.**
맞아요. 저는 여태 사람들이 예쁘다는 게 예쁜 줄 알고
살아왔어요. 옷도 그렇게 골라 입었던 것 같아요. 진짜
마음에 드는 옷을 입기보다 사람들이 예쁘다고 하는 걸
찾아 입은 거죠. 사실 패션에 관심 있던 적도 없는데,
20대 중후반엔 패션에 관심이 많은 것처럼 굴기도
했거든요(웃음). 근데 그게 가식이나 거짓이 아니라, 제가
스스로 '나는 패션에 관심이 많아.'라고 믿어서 정말 그런
줄 알고 살아온 거예요. 돌이켜보면 그건 제가 자연스럽게
좋아한 게 아니라 주변 시선 때문에 좋아하게 된 일, 혹은
좋아하는 일처럼 느낀 일이었어요. 그렇게 관심이 집중될
정도로 좋아한 영역이 아닌데 그런 척하고 산 부분도
있었다는 걸 알게 됐죠. 그 전엔 전혀 느끼지 못했지만요.

　나만의 기준이 생겼다는 것처럼 들리기도 해요.
고요한 숲을 걸으며 아름다움에 관해 자주 생각했어요.
아무 기준 없이 자연 속에 사니까 오히려 백지 상태에서
새로운 기준을 가지게 된 것 같아요. 시골에 살았기에
건강한 사람이 아름다워 보였을지도 모르고요. 시골에
있으면 연약한 상태론 못 살거든요. 밭매고, 서핑하고,
걸어다니고, 귤 따고 그래야 하는데 약한 상태로 어떻게
살겠어요.

　건강하다는 게 꼭 체력 이야기는 아닌 것 같아요.
보기에 단단하고 튼튼한 걸 말하는 건 당연히 아니에요.
자기만의 호흡으로 그 리듬을 찾아서 사는 사람이 진짜
건강한 사람인 것 같아요. 외모랑은 크게 관련이 없다고
생각하죠. 프랑스에 여행 가면 프랑스 여자가 예뻐
보이고, 스페인에 가면 스페인 여자가 예뻐 보이거든요.
여기서 예쁘다는 건 미모가 뛰어나다는 의미보다는

굉장히 자연스럽게 아름답다는, 그래서 건강해 보인다는
의미예요. 마른 여자여도 억지로 꾸미지 않고 자기 기준을
가지고 산다면 아름다운 거고, 살집이 있는 사람이어도
자기 기준을 가지고 산다면 아름답다는 거죠. 국적이나
나이와도 상관이 없고요. 그런 걸 보면 외모나 옷차림은
제 기준의 아름다움엔 크게 영향을 미치지 않는 것 같아요.
자기만의 믿음이 중요한 거니까요.

**그렇다면 그 아름다움은 눈에 보이지 않는 것일 수도
있겠네요.**
근데, 건강한 마음은 겉으로 다 드러나게 돼 있어요.
눈을 깜빡이는 속도, 선택한 단어, 말의 빠르기, 목소리,
선택하는 음료···. 그 모든 조화에서 드러날 수밖에 없어요.
그게 그 사람 자체니까요. 하지만 제 눈에 아름답다고
해서 모든 눈에 그렇게 보이는 건 또 아닐 거예요. 누가
바라보느냐에 따라 아름답게 느껴지기도 하고, 아닐 수도
있겠죠. 바라보는 사람과의 조화도 필요한 일일 테니까요.

**이제 자연과 한 발짝 떨어져 다시 서울살이를 시작하게
되었어요. 왠지 또 어디론가 떠나실 것만 같은데(웃음),
앞으로 계획이 어떻게 돼요?**
(손사래를 치며)아니에요, 요즘은 정착할 동네를 찾아다니고
있는걸요(웃음). 어디에 집을 구하면 좋을지 서울 이곳저곳
부지런히 동네 탐방 중이에요. 지금은 어머니가 사시던
집에서 지내고 있는데요. 좀더 제 패턴대로 살 수 있는,
그런 정서가 남아 있는 동네로 가고 싶어서 구석구석
둘러보고 있어요. 시간을 내서 서울 산책을 많이 해봐야
알 텐데 쉬는 날이 많지 않아서 아직 관찰을 많이 못 한
상태죠. 2주일에 한 번씩 제주에 내려가고 있는데 자연과
도시에 두루 상호작용하며 살아가고 싶어요. 정착하고
싶다고 했지만 가끔 멀리 놀러 갔다 올 것 같긴 해요.
한 2-3년 살다 올지도 모르고요. 하지만 저는 평생
연기하면서 한국 관객들과 오래 호흡하고 싶으니까···
좋은 동네 있으면 추천해 주실래요(웃음)?

낡고 부서진 채로 남아 그 자리를 지키고 있는 빈집들의
마을. 한 사람이 겨우 지날 수 있는 좁디좁은 집 사이에
아름다운 옷을 입은 그가 선다. 춤곡을 켜면 손끝을
뽀족하게 세워 리듬을 타고, 클래식을 켜면 돌계단에
앉아 동네를 굽어보며 시선의 흐름을 정돈한다. 음악과
함께 자유로이 유영하는 모습에 어찌 눈길을 빼앗기지
않을 수 있을까. 이 동네에 남아 있는 할머니 몇 분이 한
손에 아이스크림을 쥔 채 모여드는 모습이 몹시 귀엽다
생각했을 때, 그가 말한다. "너무 귀여우시다(웃음). 이
동네도 재미있고, 필름이라 제 모습을 바로 확인 못 하는
것도 즐거워요." 배우라는 장벽이 무너지는 걸 느끼며
아름다운 자연이 곁에 있다는 걸 실감한다. 스크린 너머의
더 아름다운 무엇이.

무리하지 않으면 내가 보여요

김미재―아트먼트뎁·티컬렉티브

에디터 김현지
포토그래퍼 장수인

"처음으로 2년을 살게 된 집이에요. 원래의 나로 돌아온 거 같아요."
김미재 디렉터는 아침이면 아끼는 다기를 꺼내, 차를 내려 마시고
일주일에 세 번 운동을 하며 주말엔 가족과 동네 산책을 한다. 나를 놓치고
달려온 시간의 터널을 지나 내 자리를 찾게 해준 집. 이름은 그로우스다.

그로우스

—

형태: 복층 빌라
거주: 2년 1개월
나이: 20년 정도

생활과 예술이 공존하는 공간 같아요. 인터뷰 전에 공간을 먼저 둘러보고 싶어요.
이 빌라엔 건축가, 유튜버, 개인 브랜드 대표 등 재미있는 분들이 많이 살아요. 20년 전에 지어졌는데 리모델링을 한 번도 안 했대요. 평수가 넓은 편은 아니지만 층고가 높고 2층으로 나뉜 구조가 마음에 들었어요. 타일 같은 디테일이 흔치 않고, 층마다 테라스가 있어요. 여기가 거실과 주방인데요, 보통의 집에 비해 싱크대가 협소한 편이고 식기장이 넓죠? 요리를 자주 하진 않지만 집기 수집을 좋아해서 저에게 적절한 구조예요. 거실에 빛이 잘 들어와서 클라이언트 프로젝트나 '티컬렉티브' 촬영도 자주 하고, 빈티지 수집품 판매 사진도 찍어요. 남자친구와 차를 마시고 아들과 강아지랑 놀기도 하죠. 아들은 친정인 파주와 이곳을 왔다 갔다 하며 지내고 있어요. 아래층에는 드레스룸, 남자친구 방, 침실이 있어요. 혼자 있을 때는 주로 침실에 박혀 지내요.

이 집에 머문 지 2년이 갓 지났다고요.
네, 성인이 되고 이렇게 오래 산 집은 처음이에요. 청담동에 디자인 스튜디오 '아트먼트뎁' 사무실과 티컬렉티브 카페를 두고 있었을 땐 삼성동 작은 오피스텔에 혼자 살았어요. 카페에서 메뉴를 개발하고 아름답게 꾸며질 하니까 마음에 드는 건 전부 매장에 갖다 놓았고, 집은 텅 비어 있었어요. 주중에는 집에서 거의 물만 마셨죠. 언제든 이동할 수 있게 여행 가방을 꺼내 놓았고요. 여기로 이사 오고 카페를 정리하면서 정말 오랜만에 내 손으로 차를 우려 마셨어요. 늘 카페에서 직원들이 내려주는 티를 먹거나, 그것조차 일이라고 느껴질 땐 "난 종이컵에 마실게." 하면서 대충 먹곤 했죠. 티컬렉티브를 만든 이유가 차 마시는 시간을 좋아해서였는데 바쁜 생활이 이어지며 그 마음을 좀 잊고 살았던 거죠. 코로나19로 숨을 돌리면서 아끼는 다기를 직접 써보고 책 읽을 시간이 생겼어요. 걱정이 많이 줄었고, 내면적으로 재정비가 되었어요.

많은 변화가 있었네요.
티컬렉티브의 첫 시작이 오프라인이라서, 카페를 닫으면 큰일 나는 줄 알았어요. 일을 강남에서 시작했고 클라이언트 회사도 강남에 많아서 벗어날 생각도 못 했죠. 코로나19로 운영이 어려워져 어렵게 결정했어요. 청담동 월세가 정말 비쌌거든요. 한남동은 전혀 모르는 지역이었는데 남자친구 영향으로 와봤다가 집을 구했고, 일하기 좋은 곳으로 사무실도 옮겼어요. 삶의 터전을 바꾸니까 티컬렉티브를 처음 만들었을 때부터 계획했던 라이프스타일 브랜드로 도약해보고 싶은 마음이 커졌어요. 카페를 닫으면서 앞으로 '잘하는 것만 하자.'고 마음먹었거든요. 열심히 매달릴 땐 몰랐는데 쉬면서 '디자이너인 내가 카페 운영부터 직원 관리까지 자신 없는 분야를 직접 하려고 애쓰면서 스트레스가 컸구나.' 깨달았죠. 여러 브랜드의 라이프스타일 제품을 함께 만들어 왔고, 다양한 브랜드의 상품을 사용해 봤지만 내 브랜드를 만드는 건 쉽지 않았어요. 새로운 제품군을 준비하는 데 꼬박 2년이 걸렸네요. 티 브랜드에서 라이프스타일 브랜드로 확장하는 이유를 설명하면서, 나답게 만드는 게 큰 숙제였어요. 감사하게도 제작, 운영을 맡아줄 수 있는 좋은 파트너를 만나 제가 잘 할 수 있는 기획과 개발, 디자인에 집중하고 있어요.

정말 바쁠 거 같은데 차분한 말투와 행동을 보며 '어쩜 저렇게 여유로울까?' 감탄하곤 했어요.
바쁘게 일한 모습을 많이 드러내지 않아서 그럴 거예요. 17년 동안 개인 브랜드부터 대기업까지 브랜드 프로젝트만 230개를 했어요. 내 브랜드를 만들고, 카페도 운영했죠. 일어나서 잠들 때까지 대부분 시간 일에 파묻혀 지냈어요. 그런 저를 보신 친정 부모님이 아들을 맡아서 키워주셨죠. 아이랑 같이 못 있으니 더 일을 많이 했어요. 아이한테 전화가 오면 "엄마 일하고 있어."라고 답하는 건 괜찮은데, "퇴근해서 집에 있어."라고 말하는 건 스스로 용납이 안 되더라고요. '일을 마쳤으면 아이를 돌봐야 하는데 나는 왜 집에 있지?' 죄책감이 들면서 더 일에 매달린 거 같아요. 덕분에 이젠 어떤 일이 들어와도 눈 깜짝 안 하는 내공이 생겼어요. 몸으로 부딪치고 실패도 해보면서 나만의 방식을 찾았고요. 누구나 자신을 갈아 넣어야 하는 때가 있는 거 같아요. 몰입의 시간을 지나 지금은 나에게 편한 방식으로 일하고 있어요. 아이와 지내는 주말은 오롯이 아이에게 집중하고요. 각자의 시간을 보내고 만나니 주말을 기대하고, 함께하는 시간이 귀해요. 지금이 제 인생의 가장 편한 시기예요.

코로나19가 진정되면서 다시 출근하는 생활을 할 텐데요, 전처럼 무리하지 않는 거죠?
남자친구가 디제이라서 12시쯤 집에 와요. 저희는 혼자만의 시간이 중요한 사람들이라 인사하고 각자의 방에서 따로 시간을 보낸 뒤 다시 만나 이야기를 나누곤 해요. 보통 새벽 2시에 잠들고 아침 열시쯤 일어나요. 2층 거실로 올라가 차를 마시고, 메일 확인하고, 직원들 연락에 답하면서 하루를 준비하는 시간을 두 시간쯤 가지죠. 12시에서 1시쯤 출근해 집중해서 일하고 야근은 안 하려고 노력해요. 예전에는 8시 전에 퇴근한 적이 거의 없었어요. 늘 저녁 먹고 일을 더 하곤 했는데, 제가 늦으니까 직원들도 계속 야근하는 거예요. 좋아하는 물건들이 있고 편안하게 쉴 수 있는 집이 생기니 퇴근이 빨라졌어요. 집으로 와 혼자 저녁을 먹고 일주일에 세 번 운동하는 게 주중의 루틴이에요. 개발 중인 차를 천천히 음미해 보고, 목욕하면서 배스솔트 테스트도 하고, 곁들이면 좋을 차도 고민해 보죠.

집을 채우는 가구나 집기들이 예사롭지 않아요.
제가 텍스타일 디자인을 공부했고, 텍스처에 민감해서 다기와 유리, 돌, 목재를 선택할 때도 정말 얇거나 아주 두껍거나 질감이 매트한 걸 선호해요. 언밸런스한 아름다움을 좋아해서 작고 아담한 물건을 쪼르륵 놓기보단 가정집에서 잘 안 쓸 것 같은 사이즈들도 자주 구매하죠. 벽에 부착된 램프도 놋 아이런이라는 메탈 소재인데 제가 가지고 있는 다기랑 잘 어울리죠? 의도한 건 아닌데 색이 화려하거나 요소가 많아서 '나 의자예요. 소파예요.'라는 존재감을 드러내는 디자인은 피하는 편이에요. 식탁은 중고 가게에서 20만 원을 주고 산 건데 5년째 잘 쓰고 있고, 패브릭 의자도 포터리반에서 10만 원 초반의 합리적인 가격으로 구입한 거예요.

아름다운 물건만큼 사물들의 조화로움도 중요할 거 같아요.
맞아요. 브랜드 공간을 만들어주거나 카페를 꾸미던 습관이 있어서 하나씩 안 사고 수북이 쌓일 수 있게 사곤

해요. 새 제품과 빈티지 제품을 반반씩 섞어서 공간에 두는 걸 좋아하고요. 한곳에서 여러 종류를 사거나 같은 시기에 산 물건이 아닌데, 수납할 때 텍스처별로 정렬하면 정돈된 효과가 있어요. 저는 눈이 편안한 걸 좋아해서 주로 입는 옷이나 좋아하는 작품, 사용하는 가구와 소품에 원색이 드문 편인데 이탈리안 스타일을 좋아하는 남자친구는 화려하고 과감한 색을 좋아해요. 거실의 카펫와 오디오 램프가 큼직하고 용감한 스타일이잖아요. 둘의 색이 섞이면서 더 재미난 공간이 된 거 같아요.

지금이 인생에서 가장 편한 시기라고 했어요. 공간이 편안하지 않으면 안락한 시간을 갖기 힘들잖아요. 행복한 터전을 만드는 데 중요한 요소는 뭐였어요?
좋아하는 가구와 소품들이 아름다운 빛을 받으며 공간에 스며들 때 행복을 느껴요. 빛이 잘 드는 집에 살면서 더 행복해졌거든요. 조도에 민감해서 조명을 중요하게 생각해요. 도쿄랑 런던에서 10년 지내다 서울에 왔을 때 화려한 형광등을 견디기 힘들어서 오피스텔에 촛불 켜고 지냈어요. 전체 조명을 바꾸기 힘들 땐 램프를 유용하게 써요. 테이블 램프는 공간의 제약이 많지 않아서 내 취향을 드러내기 좋아요. 빛에 민감해서 나라별 조도의 차이도 느껴요. 런던은 흐린 날씨가 많지만 우리나라와 빛의 양이 달라서 사진의 분위기가 달라요. 티컬렉티브 홈케어 제품을 프랑스에서 촬영했는데요, 소량 제작이고 상품군도 열 개 내외라서 모두 말렸어요. 강행할 수 있던 건 우리 제품을 아름답게 담을 수 있는 빛의 색을 믿었기 때문이에요. 상업 공간을 만들 때도 빛의 양을 중요하게 생각해 디머를 꼭 달아요.

나를 품어주는 집에 이름을 붙여볼 시간이에요. 어떤 이름이 떠올라요?
음… 그로우스Growth요. 이 집에 살면서 저와 남자친구, 아들, 강아지 모두 각자의 자리에서 상대를 사랑하는 법을 배웠어요. 길다면 길고 짧다면 짧은 인생의 한 부분을 함께하며 서로를 보듬어주는 게 느껴져요. 정신적, 육체적으로 성장하고 있다는 감각이 어느 때보다 생생해요.

나를 중심으로 집과 취향, 하는 일이 동그랗게 연결된 모습이에요. 유년 시절부터 내가 좋아하는 걸 잘 아는 편이었어요?
유년 시절을 파주 시골에서 보냈어요. 40분 산길을 걸어 학교에 다녔고, 개구리 잡으러 다니는 친구들이 많았죠. 네 식구가 시골 작은 아파트에 살다 보니 제 방이 없었어요. 초등학교 3학년쯤 아파트 기계실 같은 창고에

들어가 본 후 친구들과 아지트를 만든 기억이 있어요.
친구들한테 '집에서 제일 좋아하는 거 가지고 와서
여기에 놓자.'고 했죠. 공간에 대한 열망이 컸나 봐요.
그릇이나 엄마 물건을 조금씩 가져와서 아지트에 이름도
지어줬어요. 엄마들이 자꾸 집 물건이 사라져서 걱정할
즈음 경비 아저씨에게 발각돼서 아주 크게 혼이 났죠.
중학교 3학년 때 일본으로 이사를 했어요. 처음으로 내
방이 생기자 일주일에 한 번씩 방 구조를 바꿨어요. 가구라
해봐야 책상이랑 침대, 책장 정도가 다인데 책상을 나란히
놨다가 떨어뜨려 놨다가 침대 위치를 바꾸는 등 계속
변화를 줬죠. 엄마가 병이라고 혀를 찰 정도였어요(웃음).
고등학생이 되면서 좋아하는 것을 더 적극적으로 하기
시작했어요. 요요기 공원 빈티지 마켓에서 빈티지 옷,
바구니, 연필꽂이, 문구용품을 사고 팔았고, 학교 문화제에
작은 포스터를 만들어볼 기회도 얻었어요. 디자인 툴도
없는 데스크톱 그림판에서 원 그리고 컬러 넣고 폰트
선택하고 날짜 적어 디자인을 하는데 너무 재밌어서
태어나 처음으로 밤을 새웠어요. 내 마음대로 컬러를
지정하고 크기를 바꿨는데 사람들이 예쁘다고 하니까,
'디자인을 배워봐야지.' 마음먹고 미술학원에 다니기
시작했어요.

그래서 미술 대학으로 진학한 거예요?
네. 영국은 스킬보다 스케치북에 그려둔 아이디어와
아이디어 발전 과정을 중요하게 여기는 편이라
입학할 수 있었죠. 대학에 가서 종이로 디자인을 하는
게 성에 안 차서 텍스타일로 전공을 바꿨어요. 1년
파운데이션 과정에서 다양하게 해보니 패브릭도 만족이
안 되더라고요. 디지털 작업을 하고 싶어서 포토샵,
일러스트를 배웠고, 그러면서 파인 아트에 마음이 있어서
직접 그림도 그렸죠. 그림을 컴퓨터로 옮기거나 그림
그린 걸 실크 스크린으로 만들기도 했어요. 관심 분야가
다양하고 하고 싶은 영역이 좀 많은 학생이었어요.
영국에서 학교에 다니며 아르바이트하는 틈틈이
찰리티 숍에 드나들었죠. 찰리티 숍은 입던 물건을
기부하면 아주 싼 값에 사람들에게 파는 상점이에요.
친구들이 제가 학교에 안 온 날은 찰리티 숍에 있을
거라고 짐작할 정도로요. 지역마다 찰리티 숍 리스트를
만들었고, 옷이 많은 지점, 그릇이 다양한 곳, 서적을 주로
파는 곳, 업데이트되는 날을 적어두면서 정보를 모았죠.
일이 아니었는데도 폴더에 카페, 레스토랑, 미술관 등의
정보와 이미지를 정리해 뒀어요. 도서관에서 잡지를 보고
새로 생긴 숍이나 브랜드도 메모해 두고요. 어릴 때부터
좋아하는 것들을 찾아다니고, 내 공간에 하나둘 모으면서
행복과 편안함을 느끼는 욕구가 다른 사람보다 조금 더

강한 편이었어요. 영역이 커지긴 했지만 지금도 어린 시절 좋아했던 것과 비슷한 일을 하고 있다는 생각이 들어요.

휴학을 하고 카페 '페이퍼가든' 공간 디자인 작업을 한 걸로 알아요.

학교에 다니면서 생활비를 직접 벌어야 했기에 아르바이트를 정말 많이 했어요. 무인양품부터 레스토랑, 플라워 숍, 빈티지 가게에서도 일했어요. 그러다 비자 문제 때문에 1년간 엄마랑 친구들이 있는 일본에 못 가니까 우울해지고 너무 지쳐서 휴학하고 아빠가 계신 한국에 왔어요. 아르바이트를 알아보던 중 압구정 건물에 붙은 '직원 모집' 안내가 눈에 들어왔어요. 그렇게 인연이 닿아 일어와 영어가 능한 제가 대표님이 원하는 걸 찾아주고 트렌드를 알려주는 역할을 했어요. 큰 조직에서 일했으면 제가 할 수 있는 범위가 작았을 텐데, 당시에 직원이 대표님과 저 둘이어서 그래픽 스킬 1년 차인 제가 메뉴판 디자인을 했어요. 해상도가 뭔지도 몰랐을 때인데 밤새며 재미있게 만들었고, 제가 아이디어 내는 것들이 실제로 만들어지니 즐거웠어요. 학창 시절 좋아해서 자주 하던 일인데, '어떻게 이런 일을 하며 돈도 받지?'라는 생각이 들 정도로 신났어요.

좋아하는 일을 하며 잘하는 일이라는 확신도 들었어요?

페이퍼가든이 유명해지고 다양한 분들이 많이 왔어요. 당시 한국은 큰 테이블에 모르는 사람들이 같이 앉는 문화가 아니었어요. 그런데 그 공간이 좋아서 유명한 분들이 겸손하게 옹기종기 같이 앉아서 밥을 먹는 거예요. 저희가 꾸민 공간을 좋아하고 사진도 많이 찍으셨죠. 제가 카운터 옆 조그마한 책상에서 일했는데, 저한테 편지를 써주는 분들도 계셔서 쪽지를 주고받으며 친해지기도 했고요. 사람들의 오감을 자극하고 아름답게 만드는 게 너무 즐거워서 나한테 정말 잘 맞는 일이라는 걸 확신했죠.

색과 재료, 디자인 감각은 어떻게 길러진 거 같아요?

좋아하는 색과 재료는 머물렀던 도시의 영향을 받은 듯해요. 도쿄의 희미한 파스텔톤, 런던의 무겁고 칙칙한 잿빛과 벽돌색, 토기색 같은 투박한 색감을 일상에서 접했어요. 하지만 처음부터 런던이 아름다웠던 건 아니었어요. 가난한 유학생인 저는 학교가 마치면 아르바이트를 해야 했고, 지하철도 비싸서 못 타는 날이 많았거든요. 페이퍼가든에서 일한 경험 덕분에 '알래스카'라는 빵집 디자인 의뢰가 들어와서, 학비를 해결했어요. 학비에 대한 걱정이 덜자 런던을 즐길 만한 도시로 바라보게 되더라고요. 주변의 좋은 취향의 브랜드와 공간이 보이기 시작했어요. '맞아, 런던이 이렇게

예뻤지.' 깨달으며 시야가 확 트였어요. 부담스럽지 않은 금액을 지불하고 다양한 걸 경험해 봤어요. 알래스카 로고와 패키지 디자인을 하며 안 가본 빵집 없을 만큼 영국이랑 파리 빵집에 다녀보고 사진을 찍어 공유하고, 구매 대행 일도 했어요. 알래스카 대표님이 저의 눈을 믿어 주셔서, 매장 페인트 컬러도 제가 골랐죠

이후 디자인 스튜디오인 아트먼트뎁을 만든 거예요?

저는 프리랜서 디자이너가 되고 싶진 않았어요. 스스로 정한 시간에 일하는 것도 이상적인데 좋은 브랜드들하고 일하고 싶다는 욕심이 있었어요. 우리나라에 들어와 대기업 규모에 놀랐어요. 일본이나 영국에 없는 회사의 규모였거든요. 마트, 전자, 백화점, 자동차, 아파트 등의 카테고리를 다룬다는 게 대단해 보여서, 대기업 회장님들 책도 사서 봤어요. 제가 졸업할 즈음 아크네 스튜디오Acne Studios가 인기가 많았는데, 데님 브랜드로 시작했지만 베이스가 디자인 스튜디오예요. 그들이 기업과 호텔, 자동차 브랜드와 협업하는 프로젝트가 너무 멋있었어요. 나도 꼭 저런 팀에서 일하고 싶다는 생각이 컸죠. 졸업 후 커다란 프로젝트가 연이어 들어와서 그래픽 디자인을 전공한 친구와 3개월 인턴으로 일을 시작해 봤어요. 둘 다 욕심이 많고 일을 빠르게 처리하는 편이라 점차 많은 제안이 들어왔어요. 개인적으로 브랜딩 수업을 하고 있는데, 어린 시절 좋아하는 걸 어떻게 일로 만들어갔는지 떠올리면서 강의를 해요.

브랜딩 수업에서는 어떤 걸 가르쳐요?

예쁜 게 뭔지는 알겠는데 나의 취향이라 말할 수 있는가, 취향을 개발하는 것부터 시작해 확고한 취향을 쌓는 법에 대한 이야기를 나눠요. 브랜드 대표님, 대학생, 대기업 사원 등 다양한 분들이 신청해 주셨어요. 수업에서 지극히 개인적인 경험으로 내가 좋아하는 것을 나열해 봐요. 어떤 추억의 순간, 냄새, 촉감 같은 걸 써 내려가고 무드 보드를 만들고 카테고리별로 정리해서 10년 후 좋아하지 않을 것 같은 건 지워나가는 거예요. 정말 좋아하는 하나만 남겨서 깊게 파고 이미지로 만든 뒤 언어로 만들어봐요. 400명 정도 수업을 진행해왔고, 요즘은 사무실에서 수업을 해요. 제 일을 잘 알고, 제 취향을 존중하는 분들이니까 제가 거쳐온 경험을 귀 기울여 주시고 좋아해 주셔서 마음이 통한다는 느낌이 들어요. 프로젝트 일할 때랑 다른 에너지를 주고받아요. 너무 바쁘고 수업하기 전 긴장도 되지만 두 시간 수업하고 나면 제가 더 채워지는 느낌이에요. 브랜드 리서치하면서 제가 모르는 브랜드도 알게 되고 마음이 잘 맞아 함께 일하는 친구도 있어요. 수업에서 만난 학생분들끼리 합이 맞아서 협업하는 경우도

있죠. 클라이언트 외에 새로운 사람들을 만날 기회가 별로 없으니까 이런 선순환이 저한테 많은 자극이 돼요.

왜 그런 수업을 만들었어요?
제가 일을 시작할 때 이런 수업이 정말 필요했거든요. 취향을 찾기 위한 무드 보드, 리서치뿐 아니라 계약서와 견적서 쓰는 법, 어떤 프로젝트를 어느 정도 견적으로 임하고 영역은 어떻게 정하는지도 공유해요. 당시에는 아트 디렉션이라는 영역이 없었고, 어리고 경험이 부족해서 제가 하는 일을 뭐라고 부르고 얼마를 받아야 하는지 모른 채 일했어요. 제가 좋아하는 음악으로 리스트를 만들어 음악을 틀고, 손으로 그림 그려 공간 꾸미고, 메뉴판 디자인하고, 그 외에도 보이지 않는 많은 디테일을 디렉팅했지만 한 카테고리 안에 묶어두지 않아서 일은 많이 하고 제대로 된 대우는 받지 못했어요. 젊은 친구들이 아트디렉터라는 일에 자긍심을 가지고, 알맞은 돈을 받고 책임감 있게 자기 영역을 똑바로 얘기할 수 있기를 바라요.

일을 개인적인 의미를 넘어서 사회적 차원에서 바라보는 거 같아요.
혼자 할 수 있는 일은 제한이 많아요. 아트디렉터도 티 브랜드도 시장이 커지고 필드 자체의 힘이 생겨야 예산도 올라가고 재미난 일도 많이 생기죠. 제 MBTI가 ENFJ거든요(웃음). 오바마랑 같은 유형인데, 다른

사람에게 공유할 때 행복을 느껴요. 같이 얘기하면서 시너지를 일으켜 더 잘 만들고 규모도 크게 하고 싶어요. 제가 주거 공간을 아트 디렉팅 하지 않는 이유도 많은 사람이 오가며 경험하는 상업 공간이 훨씬 더 재미있기 때문이에요.

차도 좋아해서 선택한 카테고리예요?
보리차를 너무 좋아해서 어린 시절 보리차를 끓여서 가지고 다녔어요. 다도를 배웠다거나 격식을 차려 엄청나게 비싼 차를 찾아서 마시는 편은 아니었고 일본과 영국에서 자연스레 차를 마시곤 했어요. 영국 친구들은 티백과 우유를 넣어서 밀크티를 먹고, 일본은 편의점에 차 종류가 정말 많아요. 점심시간에 오늘은 도시락에 무슨 차를 곁들일지 고민하는 게 일이었죠. 한국 차를 좋아하는데, 잘 알려진 녹차 브랜드가 하나고 제품이 다양하지 않아서 놀랐어요. 런던은 프리마켓이나 티 버스, 트럭에서 아기자기하고 자유롭게 스콘과 쿠키에 티를 곁들여 종이컵에 담아 팔아요. 일본도 티를 다양하게 발전시켜 티 페어링, 연구소도 만들고 있잖아요. 외국에서 우리나라 차를 너무 좋아하는데, 국내에서 저평가 받는다는 생각이 들었어요. 잘해보고 싶은데, 아트먼트뎁에 한국 기반의 FNB 프로젝트는 들어오지 않더라고요. 신세계 백화점에 팝업을 꾸리는 프로젝트를 하면서 마음에 드는 차 브랜드가 없어서 우리가 만들게 된 거예요. 하동 구청에서 우리와 잘 어울리는 농장을 알려주셔서 찾아갔어요. 녹차나 홍차보다는 호박차나 유자 또는 감잎차 등 티 종류를 다양하게 만들고, 티컬렉티브 색을 입혀 브랜딩 했죠. 클라이언트 컨펌 없이 내 취향대로 처음 만든 일이다 보니 재미있으면서 책임감이 커요.

일본과 영국에서 공부하다가 다시 한국으로 왔고, 차를 주제로 브랜드를 펼쳐가는 것을 보면서 한국 정서에 뿌리를 둔다고 느꼈어요.
한국에 훌륭한 것들이 많은데 브랜딩이 안 되어 늘 아쉬워요. 일본은 한국보다 뛰어나지 않은 것들도 스토리텔링을 잘해요. 한국이 이미 갖고 있는 걸 저는 잘 포장하여 세상에 소개해보겠다는 마음으로 시작한 거예요. 저는 차를 전문적으로 만든다기보다 적당한 공간에서 맛있고 편하고 예쁘게 마실 수 있는 티 브랜드를 만들고 싶었어요. 편하게 마시는 차도 있어야지, 너무 바쁜데 어떻게 모든 차를 시간을 들여 우려내 마셔요(웃음). 커피숍 가서 커피 사진을 찍는 친구들이 호박차 마시는 모습은 담지 않더라고요. 다른 나라는 티 마시는 것도 사진 찍고 공유하는 문화인데, 시대적 흐름을 못 따라간다는 느낌도 들었어요. 티컬렉티브를 라이프 스타일 브랜드로

확장하면서 한국적인 재료들에 더 주목해 보려고 해요. 저는 목욕탕의 쑥탕을 좋아해요. 한지도 좋아해서 사무 공간에 써본 적도 있어요. 선조부터 몸에 좋고 과학적으로 증명된 한국 재료들을 지금의 라이프 스타일에 맞춰 모던하고 아름답게 푸는 것이 목표예요. 외국인들에게 한국에 김치와 BTS만 있는 게 아니라 이렇게 아름다운 게 많다고 보여주고 싶어요.

잘하는 일이라도 17년간 꾸준히 하는 건 쉽지 않죠. 원동력이 궁금해요.

좋아하는 걸 일로 만들고 돈을 버는 거, 왜 안 어려웠겠어요. 오랜 시간 놓지 않았고, 다른 길을 보지 않았던 건 이 직업에 확신이 있어서예요. 누군가가 하고 있었는데 아트디렉터라고 정의되지 않았을 뿐이죠. 패션계에서는 크리에이티브 디렉터라는 직업이 자리 잡았는데 그 외 영역에서의 크리에이티브 디렉터의 역할이 정립되지 않은 느낌이었어요. 브랜드를 꾸릴 때 디자인을 넘어서 전체적인 무드를 잡고 콘셉트를 이해하고 챙길 수 있는 역할이 점점 중요해지고 있어요. 또 무엇보다 소중한 아들이 있어서 지금까지 이어올 수 있었어요.

오랜 시간 일을 하고, 여러 사람을 만나며 삶의 우선 순위나 사람을 대하는 태도가 조금씩 변하고 다듬어지곤 하잖아요. 어떤 과정이었어요?

저는 이혼을 했고, 부모님이 아이를 봐주셨기에 오랜 시간 가장으로 살았어요. 가장으로의 책임감과 일을 좋아하는 성격으로 열심히 일과 육아에 매달렸고, 무리했어요. 그러다 보니 나를 살피거나 돌볼 여유는 부족했던 거 같아요. 남자친구를 만나며 원래의 나를 찾아가는 거 같아요. 저보다 어리고 아들을 같이 키울 수 있을 거라는 기대없이 비슷한 관심사, 성향에 이끌려 만남을 시작했어요. 20대에 만났으면 좋았을 친구를 이제야 만난 느낌이에요. 치열하게 살면서 그때그때 힘든 시간이 닥쳤지만 긍정적으로 넘기려 노력했어요. 헤어진 사람을 미워하기보다 아이에게 아빠를 계속 보여주려고 제가 먼저 연락하죠. 불행해지지 않으려고 이혼한 거라서 부정적인 에너지를 더 이상 쓰고 싶지 않아요. 지금은 저도 편하고, 아이도 할아버지, 남자친구와 무탈하게 지내고 아이 아빠랑도 편한 사이예요. 저만 무리하지 않으면 돼요.

무리하지 않는다는 게 어떤 의미예요?

솔직하게 얘기하는 거요. 아들과 있을 때, 둘이 같이 좋아하는 건 함께 하는데 혼자 있고 싶으면 "엄마 오늘 말을 너무 많이 했어. 지금부터 15분 동안 말하고 싶지 않아." 솔직하게 말해요. "엄마는 너와 둘이도 너무

행복한데 마트에 오면 잠깐 남편이 있으면 좋겠어. 짐이 너무 무거워(웃음)." 하면 아이가 고사리손으로 짐을 같이 들어줘요. 부모는 아이가 뭘 좋아하고 뭘 바라고 뭘 먹고 싶은지 파악하잖아요. 아이들은 그걸 못 한다고 여기는데, 아니에요. 아이들도 부모의 약한 점, 잘하는 점, 혼자 있고 싶은 순간, 좋아하는 걸 파악하고, 심지어 케어도 해요. 아이도 부모를 행복하게 할 때 기쁘거든요. 이런 마음을 먹은 건 돌아가신 엄마의 영향이 커요. 엄마가 너무 열심히 사셨어요. 저랑 동생 학비를 버신다고 1년에 두 번 쉬면서 힘들게 일만 하셨는데, 돌아가시기 1년 전 담배를 피우는 걸 알게 됐어요. 매번 숨어서 담배를 피웠을 엄마가 떠올라 너무 마음이 아팠어요. 늘 일만 하고 힘들다는 얘기도 안 하시고 좋아하는 것도 별로 없어서 제사상에 놓을 게 없어서 속상했어요. 미안함으로 한이 맺혀서 나는 절대 그러지 말아야지, 나도 행복해야지 마음먹었어요. 아이가 저 아니어도 기댈 수 있는 대상이 있으면 괜찮겠지만 이 아이는 저만 보고 있기 때문에 제가 무리하면 불행해질 거예요. 나중에 아들과 떨어져 지내도 엄마가 혼자 일하는 걸로 마음 아프지 않았으면 좋겠어요. '우리 엄마 좋아하는 거 하고 있겠지, 좋아하는 사람이랑 살고 있으니까 행복하겠지.' 생각하길 바라죠. 내가 지금 좋아하는 것, 잘하는 것을 우선에 두니 마흔이 돼서 다시 나로 돌아온 느낌이에요.

아들이 집에 오면 산책을 주로 나간다고요.

집에 오면 남자친구 방에서 같이 놀고 게임하고 혼자 유튜브도 보다가 "엄마 밥 먹을까요?" 하고 물으면 같이 산책 가는 식이죠. 금요일은 남자친구도 같이 산책을 하고 주말은 보통 아들과 저, 강아지 셋이 산책해요. 보통 남산 주변을 걷다가 하얏트 호텔 옆쪽으로 돌아서 경리단길로 내려와요. 한 시간 정도 걷는데, 강아지가 30킬로이고 힘이 정말 세서 걷고 나면 만신창이가 되죠. 아들이 새로 생긴 카페에 가자고 하면 메뉴를 잔뜩 시켜 먹고, 길거리 구경도 해요. 친구네 가족과 같이 만나기도 하고요. 날을 정해 토요일은 아들이랑 편의점 빵 투어를 하고, 일요일은 제가 좋아하는 미술관에 가면서 번갈아 코스를 정해요. 특별할 것 없는 루틴이지만 처음으로 누려보는 안정감이에요.

요즘 설레게 하는 일이 있다면요?

여행을 갈 수 있다는 거요. 결혼한 동생이 미국에 살고 있거든요. 방학마다 아들만 보내곤 했는데 조카도 태어났으니 같이 가서 보고 싶어요. 오랜만에 일본도 가고 싶고, 여행 다닐 생각만 해도 너무 설레요.

The Things That Make Me Myself

1. 빈티지 유리볼

손으로 모양을 낸 두꺼운 크리스탈로 프랑스 출장 중
택시를 타고 가다가 이 유리볼을 발견하고 차를 세웠어요.
유리를 아주 좋아하는데 특히 두껍고 무거워서 일반
유리에선 느낄 수 없는 질감과 투명한 색감에 매료돼요.
무게가 있어 앤틱 주인 할아버지가 극구 말리셨지만 무사히
한국으로 데려왔네요.

2. 코스타 브라질 인센스

전 캘빈클라인의 디렉터가 만든 브랜드로 브라질 정글에서
직접 채집한 수지로 만들었어요. 태우면 바스락거리는
나뭇잎과 순수한 지구 자연의 향이 나요. 아로마 효과가
있어 요가나 명상에서 잘 쓰이는 소재라고 해요. 심플한
스테인리스 용기와 인센스를 하나씩 올려놓는 타일
받침마저 시크하고 아름다워요.

3. 향수 콜렉션 트레이

수시로 향수를 뿌리고 기분 전환을 하기 때문에 다양한
브랜드와 콘셉트의 향수를 소장해요. 문 앞에 열 개, 방에
열 개 정도 두고 그날 기분에 따라 향을 선택하곤 하죠.
요즘 제일 좋아하는 향수는 카린 로이펠드Carine Roitfeld의
7 Lovers 시리즈예요.

4. 피카소의 빈티지 책

피카소의 서적은 계속 모으고 있는데 특히 해외에서 구입한
이 빈티지 서적은 보기 드문 피카소의 스케치가 가득
담겨 있어요. 소장 가치가 높아서 특히 곁에 두고 아끼는
책이에요.

5. 신라 토기

티컬렉티브 카페에서부터 눈에 보이는 곳에 두고 아끼던
토기예요. 단아한 형태와 비율, 컬러 어느 하나 빠지는 것
없이 아름다운 토기로, 주로 인센스나 숯 등을 넣어 두고
즐겨요.

A City Walker

유리 벽 건너기

정지돈―작가

에디터 이주연
포토그래퍼 Hae Ran

그에게 감히 '도시 산책자'라는 이름을 붙여봅니다.

사람들 사이에 있되, 보이지 않는 선이 존재할 때가 제일 좋아요.
도시 한가운데에 있는 카페와 영화관에 가도 아무도 저와 관계하지 않을 때.
그런 가운데 저는 사람들을 자유롭게 지켜볼 수 있을 때.
그게 가장 이상적인 산책 같아요. 철저한 관찰자가 되는 거.

만나서 반갑습니다.
안녕하세요. 정지돈입니다.

**소개가 간단하네요. "한국 사회에서 문학은 직업이 될
수 없다."고 이야기하신 적이 있어서 어떻게 소개하실지
궁금했거든요.**
제가 쓴 글을 미주알고주알 다 알고 계신 것 같아서
조심스러워지는데요(웃음). 그렇게 이야기한 건 약간의
과장이 섞인 거기도 해요. 문학의 현실을 제대로 알리고
싶다는 마음이 있었거든요. 직업이라는 건 결국 경제적인
이야기와 연결될 텐데, 문학 한다는 사람들 대부분이
문학으로 생활할 만큼 돈을 벌지는 못해요. 경제적 벌이는
강의나 강연 등 다른 방식으로 하고, 그다음에 문학을 하는
사람이 대부분이니까요. 근데 그런 현상과는 별개로 "글
쓰는 누구누구입니다."라고 소개하는 걸 좋아하지 않아요.
내가 뭘 하는 사람이라는 걸 꼭 밝혀야 하는 건 아니라고
생각해서요. 직업이 정체성에서 그렇게 중요하지 않다고
생각하기도 하고요.

**그럼 정체성을 말할 때 가장 중요하다고 생각하는 건
뭐예요?**
음… 조금 다른 얘긴데, 정체성은 고정되지 않은 게
당연해요. 누구나 정체성은 변할 거예요. 여기와 저기에
걸쳐 있어서 규정하기 어려울 수도 있고요. 유동적인
정체성을 타인에게 이해시키기란 쉽지 않으니까 설명하기
위해 규정할 수밖에 없지만, 정체성을 고정하는 데에만
집중하는 건 바람직하지 않은 것 같아요. 이 이야기가
잘못 전해지면 유동적인 정체성만 강조하는 것처럼
들릴 텐데요. 저는 반대로 정체성을 고정하는 것 역시
중요하다고 생각해요. 다만, 규정되지 않은 정체성은
자연스럽게 외면받으니까 가능하면 정체성을 고정하거나
국한하는 걸 주의하려고 하는 거죠.

**그럼 오늘은 규정하지 않고 '지돈 씨'라고 불러
볼게요(웃음). 예전에는 "글을 많이 쓰면 안 된다.
다작보다는 과작이 작가에게 좋은 것이다."라고
이야기하셨어요. 근데 언젠가부터 다작 작가가 되셨죠.
최근에도 신간이 나왔고요.**
그래서 힘들어요(웃음). 근데 좋은 점은 확실히 있더라고요.
과거의 저는 과작하는 작가가 무비판적으로 훌륭하다고
생각했어요. 열과 성을 다해서, 신중하고 조심스럽게
작품을 발표하는 사람이 그야말로 진지한 작가라고 생각한
거죠. 근데 어느 순간 이게 문학적 이데올로기가 아닐까
싶더라고요. 음악으로 예를 들자면, 모차르트가 열과 성을
다한 곡도 좋지만 10분 만에 후루룩 쓴 곡도 큰 사랑을
받잖아요. 이런 가능성을 배제하고 자기 자신을 과작이란
틀 안에서 단속하는 것이 과연 올바른 일인가 싶었어요.
'과작해야 한다.'는 생각 아래 오히려 내가 나를 가두는
게 아닐까 싶더라고요. 가끔은 우연한 순간에 훌륭한 게
탄생하기도 해요. 외부와의 조응이 만들어 낸 결과겠죠.
그래서 좀 열어놓고 작업하자는 생각을 하게 됐어요.

**이번 호 주제어가 '산책'이어서 자연스럽게 《당신을
위한 것이나 당신의 것은 아닌》이 떠올랐어요. 부제가
'서울과 파리를 걸으며 생각한 것들'이죠. 이 글은 현대판
《소설가 구보씨의 일일》을 에세이로 써보자는 제안에서
시작되었다고요.**
《소설가 구보씨의 일일》은 하루에 일어난 이야기예요.
근데 서울에서 하루 동안 일어난 일을 한 권으로 엮는 건
너무 억지스럽겠다는 생각이 들었어요. 그리고 서울에만
국한해도 얘기가 단조로울 것 같아서 비교 대상이 될 만한
도시를 함께 써보자 싶었죠. 구보씨에게는 도시가 굉장히
중요한 요소인데, 서울 하나만으로는 충분하지 않겠다고
생각했거든요.

그게 왜 파리였어요?

특별한 이유가 있었다기보단… 때마침 파리에 가게
돼요(웃음). 3개월간 레지던시 프로그램에 참여하게
됐거든요. 워낙 가보고 싶던 도시이기도 했고, 예술적으로
프랑스란 나라를 좋아했기 때문에 괜찮겠다 싶었어요.
만약 파리가 아니라 다른 도시에 갔다면 이 책엔 다른 도시
이야기가 실렸겠죠?

**이 책의 주요 키워드는 '도시'와 '산책'일 거예요. 두
단어가 지돈 씨에겐 어떤 의미예요?**

도시에서 나고 자라서 시골보단 도시가 좀더 편해요.
음… 근데 저 자연도 좋아하거든요. 자연을 걷는 것도 꽤
즐기는데, 자연은 너무 크고, 지루해요. 자연과 인공이
적절하게 조화된 곳이 언제나 산책하기에 가장 재미있는
것 같아요. 도시와 산책은 정의 내리려고 해본 적도 없고,
정의할 수도 없어서 이야기하기가 어려운데요. 이 책을
쓰기 위해 산책에 관해 생각하면서 재미있다는 생각이
들었어요. 생각해 보면 산책이란 개념이 옛날부터 있던 건
아닐 거예요. 이동 수단이 없던 때는 모두가 걸어 다녔으니
굳이 산책이란 단어가 필요하지 않았을 테니까요.
산책이란 말이 처음에 어디서 탄생했는지 아세요?

어, 아니요.

그리스 시대 철학자들 사이에서 나온 말이에요.
아리스토텔레스학파를 소요학파라고도 하는데요. 그
당시 철학자들은 두세 명씩 짝을 지어서 철학적인 대화를
나누며 학당을 걸었대요. 그게 바로 산책이었던 거예요.
그러니까 처음엔 산책에 '함께할 사람'과 '대화'가 있던
거죠. 근데 지금은 산책이라고 하면, 많은 사람이 '한적한
곳을 거니는 이미지'를 가장 먼저 떠올려요. 도시가
발달하면서 시끄러워지고, 만나는 사람도 많아지고,
스트레스도 생기니까 이젠 한적한 곳에서 나한테
집중하면서 보내는 시간을 산책이라 부르게 되는 것
같아요. 지금 사람들에게 필요한 건 누군가와의 대화가
아니라 나에게 집중하는 일이니까요.

**산책의 정체성도 유동적으로 변하는 거네요. 지돈 씨가
좋아하는 산책은 어떤 유형이에요?**

사람들 사이에서 벽을 느끼는 거예요. 벽이 있다는 말은 보통
부정적으로 쓰이는데요. 저는 사람들 사이에 있되, 보이지
않는 선이 존재할 때 제일 좋아요. 도시 한가운데에
있는 카페와 영화관에 가도 아무도 저한테 말을 걸지 않고
관계하지 않는 산책이죠. 그런 가운데 저는 사람들이 걷고,
뛰고, 뭔가 하는 모습을 자유롭게 지켜볼 수 있을 때, 그게
가장 이상적인 산책 같아요. 철저한 관찰자가 되는 거.

사람들 보는 게 왜 재미있어요?

사람이란 존재는 참 이상하잖아요. 다들 뭘 하는지
궁금해요.

그럼 사람이 없는 곳은 굳이 산책하지 않아요?

하죠. 사람들이 꼴 보기 싫을 때(웃음). 사람이 없는
곳을 걸으면 좋아요. 근데 금세 지루해져요. 지루해지면
사람 있는 데로 가고 싶고, 사람 있는 데서 산책하면 또
피곤해지니까 다시 사람 없는 곳을 찾게 돼요. 근데 이런
이야기를 하면 다들 "그게 뭐야. 이도 저도 아니네." 한단
말이죠. 그런 게 아니라, 전 정말로 사람이 많은 곳도,
없는 곳도 산책하는 걸 좋아하는데… 이걸 이해시키기가
참 어려워요. 근데 곰곰이 생각해 보면 진짜 좋은 지점은
사람이 없는 곳과 있는 곳을 번갈아 움직일 때, 그 사이의
'변화하는 감각'인 것 같아요.

구체적이고 재미있네요. 좀더 들어보고 싶어요.

프라하에 갔을 때 얘기를 해볼게요. 카를교는 아마
세상에서 가장 사랑받는 다리일 거예요. 그만큼
유명하니까 사람이 어마어마하게 많은데 가는 골목이
엄청 좁거든요. 그 틈에서 떠밀리듯 걸어가야만 하는
거예요. 저 멀리 카를교가 보이긴 하는데, 조금만 더
가면 되는데, 이 관광객의 인파와 인구 밀도를 도저히 못
견디겠더라고요. 정말 미칠 것 같았어요. '더 이상은 안
되겠다.' 싶을 때 시선을 돌렸는데, 텅 빈 골목에 중정이
하나 보이는 거예요. 일단 여기서 벗어나고 싶어서
방향을 틀어 무작정 중정으로 피했어요. 사람들로 가득
찬 저쪽과는 달리 쥐 죽은 듯 조용한 공간이었죠. 예전에
프라하의 귀족이 살았던 곳을 시립미술관으로 운영하는 것
같았어요. 마침 전시를 하고 있길래 표를 끊으려고 하는데
부스도 없이 하얀 테이블만 덩그러니 놓여 있더라고요.
할머니 두 분이 앉아 이야기를 나누고 계셨고요. 표를 끊고
전시장으로 들어가니 또 다른 세상이 펼쳐졌어요. 작품도
좋고 공간도 멋졌죠. 근데 사람이 아무도 없다는 게 굉장히
묘하게 느껴졌어요. 이 공간만 벗어나도 카를교로 가려는
사람들이 엄청나게 모여 있는데, 전 바로 옆 공간에서
아무도 없는 전시를 즐기고 있는 거잖아요. 그 기분이 왠지
흐뭇하고 좋더라고요.

**책에 구보씨 이야기가 종종 등장해요. 《소설가 구보씨의
일일》을 좋아한다고 했지만 "어머니와 함께 사는
돈벌이가 시원찮은 성인 남자의 자기 연민"이라는 표현을
보면 마냥 찬양하지만은 않는다고 느꼈어요.**

《소설가 구보씨의 일일》은 여전히 좋아하는 소설이에요.
습작 시절에 처음 완독했는데, 문체도 특이하고 내용도

좋아서 진짜 재미있는 소설이라고 생각했거든요. 이 작품이 달리 보이기 시작한 건 페미니즘을 알게 되면서부터였어요. 페미니즘을 공부하고 나니 어떻게 이렇게까지 뻔뻔하게 이데올로기적인 문학이 있을 수 있나 싶더라고요. 편향성이 짙다는 걸 이제야 깨달은 게 믿을 수 없을 정도였죠. 그동안 너무 무지했다는 걸 깨닫고 다시 읽어 보았는데, '찌질한' 남자가 말도 안 되는 소릴 하는 부분이 정말 많더라고요. 그렇다고 이 작품이 여성 혐오적이라고 말하고 싶은 건 아니에요. 시대적 한계라는 게 분명히 있으니까요. 다만, 제가 이렇게까지 눈치를 못 채고 읽었다는 게 충격적인 거죠. 동시에 신기하다는 생각도 들었고요.

인식이 바뀌었다는 지점에서요?

그도 그렇고, 문학적 태도가 세계를 경험하는 태도랑 밀접하게 연관돼 있다는 걸 알게 되어서요. 소위 '남성 산책자 소설'을 떠올려 보면, 고요히 걷거나 정처 없이 방랑하는 이야기에서 끝나는 게 아니라 반드시 여성이 등장해요. 남자 주인공은 성적인 욕망을 보이면서 여성들을 쫓아다니죠. 그 지점이 너무 별로고, 좀 싫다는 생각이 들었어요.

그래서 여성 산책자인 플라뇌즈flaneuse는 유니콘 같은 존재라고 이야기한 거군요. "여성은 거리로 나서는 순간 응시의 주체가 아니라 객체가 된다."는 이야기에 고개를 끄덕였어요. 그러면서 "예술은 시대를 반영하지 않는다. 시대가 예술을 반영한다."고 쓰셨는데 여성 인권이 점차 신장되는 이 시대에… 플라뇌즈가 탄생할 수 있다고 생각하시나요?

그건 제가 판단할 수 없는 일 같아요. 플라뇌즈, 여성들이 판단해야 할 일이죠. 아까 제가 사람들 사이에 유리 벽이 있는 게 좋다고 했잖아요. 근데 여성에겐 그 벽이 깨지는 빈도가 훨씬 많은 것 같아요. 애초에 없다고 느껴지기도 하고요. 고요하게 걷고 싶지만 그게 쉽지만은 않잖아요. 누군가 쳐다보고, 말을 걸고, 따라오고… 남성에 비해 그 외 많은 위험을 고려해야 하죠. 옛날엔 밤에 외출하면 위험하니 여성들은 집 밖으로 나오지 말라는 이야기가 많았어요. 언뜻 들으면 여성을 보호하는 것 같지만, 결코 그렇지 않잖아요. 위험하니까 밤에 집에만 있어야 하는 게 아니라 여성이 다 같이 나옴으로써 위험을 뚫어야 한다고 생각해요. 물론 처음엔 위험하겠지만 차츰 그 위험은 여성들의 행동으로 깨지게 될 거예요. 사회적인 변화, 모두의 인식 변화가 필요한 부분이죠.

이런 문제는 비단 여성만의 이야기가 아닌 듯해요. 지돈 씨도 외국에서 산책하며 비슷한 걸 경험했다고 했죠. '1세계 백인 남성'이 아니기 때문에 따라오는 위험 같은 거요.

제가 밤 산책을 무척 좋아하거든요. 지금도 종종 어두울 때 밖으로 나가는데요. 서울에서 밤에 산책하는 건 전혀 두렵지 않아요. 아무 문제도 없거든요. 새로운 길을 걷다 궁금한 곳이 나오면 아무리 으슥해도 겁 없이 들어가 보곤 하죠. 근데, 파리에서는 밤에 산책하기가 좀 무섭더라고요. 동양인 남성이어서 움츠러들었고, 서울과 달리 소매치기가 많은 동네니까 더 무서워지는 지점이 있었어요.

잘 모르는 동네라 더 그랬을 것 같아요. 근데 지돈 씨는 안 가본 길로 산책하는 걸 좋아한다고 했죠.

새로운 길을 걷는 건 언제나 재미있어요. 모르는 장소를 걸으며 환기되는 지점이 특히 좋더라고요. 바쁠 땐 어쩔 수 없이 잘 아는 길, 늘 가던 길만 걷게 되는데요. 가끔 옆으로 빠져서 새롭게 길이 이어지는 걸 보면 좀 짜릿하기도 해요. '우리 동네에 이런 길이 있었어?' 하고 익숙한 곳에서 새로움을 발견하는 거죠. 서울 같은 대도시엔 워낙 뭐가 많다 보니 골목골목 안 가본 길들이 의외로 많아요. 안 그래도 엊그제 만난 지인이 이런 얘길 하더라고요. 서울에서 40년을 살아도 모르는 곳이 너무 많다고요.

새롭게 발견한 길이나 풍경 이야기도 들어보고 싶네요.

작년에 굉장히 신비로운 경험을 했어요. 마포구로 이사 온 지 이제 3년 가까이 돼가는데요. 앞에 홍제천이 있어서 천을 따라 자주 걷거든요. 물길을 따라 걷는데 어느 날엔 폭포를 보게 됐어요. 서울 한복판에 폭포라니, 너무 이상하고 신비롭지 않나요? 심지어 그 앞에서 할머니들이 에어로빅을 하고 계시더라고요. 알고 보니 인공 폭포였어요. 도시 한복판에 있는 폭포가 퍽 기이하다고 생각하면서 좀더 들어가 봤는데, 홍제천 위쪽 언덕 부근에 오래된 호텔이 하나 보이더라고요. 이름도 재미있어요. '스위스 그랜드 호텔'(웃음). 1988년에 생긴 호텔이다 보니 건축적으로도 재미있는 요소가 많았어요. 꼭 꿈을 꾸는 것 같았어요. 호기심이 생겨서 계속 안쪽으로 들어갔는데, 거기 '유진상가'가 있었어요. 일종의 주상복합으로 과거의 흔적이 남은 세운상가 같은 곳이거든요. 서울 안쪽에 이렇게 자연스럽게 낡은 것들이 있다는 게 무척 재미있게 다가왔어요. 온 김에 좀더 깊숙이 가보자 싶어서 더 들어가니 홍제천이 돌아 나오는 북악산이 보였죠. 근데 거기 동네가 하나 있더라고요. 북악산과 강이 있는 풍경을 보며 학이 날아가도 이상하지 않을 것 같다고 생각했죠. 너무 평화롭고 아름다웠어요.

한국화 같은 풍경이 상상되는데… 직접 보고 싶어졌어요.

시간 날 때 다녀와 보세요. 정말 신비로운 풍경이었어요. 걸어서 가면 힘들 수도 있으니 자전거 타고 가보는 걸 추천해요.

SNS에서 "잠깐 걷기만 했는데 홀린 듯 돈 써버림"이라는 글귀를 보았어요. '산책하는 소비자'라니, 공감할 수밖에 없었는데요(웃음). 최근엔 어떤 것들에 마음을 빼앗겼나요?

뭘 사겠다는 마음으로 산책하는 건 아닌데 주변 가게들을 보면 꼭 들어가 보게 돼요. 못 보던 가게가 생길 때마다 신기하기도 하고 걱정스럽기도 해요. 월세가 만만치

되게 얇고 가볍네요. 책에 "도시 산책자는 자연 또는 시골의 산책자와 달리 내면에 집중하지 못하고 현란한 소비문화에 정신이 팔린다. 광고로 눈이 돌아가고 목적지를 잃고 방황한다."고 쓰셨지요.

맞아요. 산책하다 자꾸 뭘 사는 저처럼요.

그런데 "이것이 오히려 잠재력이 된다."고 덧붙이셨어요. 어떻게 소비가 잠재력이 될 수 있는지 좀더 들어보고 싶어요.

간단하게 얘기하면, 도시의 다양함이 자기 자신에게 몰입되는 걸 해방시켜 준다고 생각했어요. 이 도시엔 상상도 못 할, 이상하고 신기한 게 정말 많잖아요. 그것들이 내 안으로 매몰되는 걸 어느 정도 깨준다고

않을 텐데, 장사가 잘 되려나, 싶어서요. 주인이 어떤 마음으로 가게를 만들었나 호기심도 생겨서 곧잘 들어가 보는 편이죠. 주머니 사정이 허락하면 뭔가 한두 개씩 사곤 하는데 보통은 먹을 거나 펜 같은 가벼운 것들이에요. 최근에도 펜을 하나 샀는데 (연필꽂이를 뒤진다.) 이거예요. 2,500원이었나? 산책하다가 카페에 들어갔는데 구석에 문구점이 같이 있더라고요. 구경하고 나면 뭔가 하나라도 사야 할 것 같아서 또 이렇게 소비하고 말았네요(웃음).

한번 써봐도 되나요?

그럼요.

본 거죠. 그러나 이런 모습도 무한히 지속되진 않더라고요. 도시의 산만함도 시간이 지나면서 어느 한구석으로 정리되고 있는 것 같아서요. 특정한 방향으로 사람들을 이끄는 거죠. 예전에는 도시 여기저기에 흩어진 상점과 광고를 둘러봄으로써, 도시의 산만함 덕분에 내 안으로 파고들지 않고 잠재력을 이끌어 낼 수 있었다면, 지금은 몇몇 쇼핑센터, 유명한 브랜드, 이른바 '핫 플레이스'로 사람들이 몰리는 현상이 많아졌어요. 가로수길이나 망리단길 같은 이름이 이를 잘 나타내죠. 도시의 현란한 소비문화가 오히려 몇몇 군데로 집중돼 버려 산만함이 사라진 거예요.

산만함이 인위적으로 구역화되었기에 "다른 의미의 부정적 몰입과 연결됐다."고 쓰신 거군요.

맞아요. 인플루언서들이 방문하는 힙한 곳으로 소비문화가 패턴화되어 버리는 것 같아요. 그게 부정적인 고립을 야기한다고 보고요. 많은 사람이 '몰입'을 예찬하지만, 몰입이 가지는 한계는 너무나 명확해요. 몰입이 있으면 반드시 산만함이 함께 와야 해요. 산만함이 있으면 몰입도 동시에 와야 하고요. 그게 건강한 순환인데 이제 도시는 산만함을 잃었으니 부정적 몰입이 되어 버린 거죠.

지돈 씨는 이동 수단을 '걷기의 코스를 넓혀주는 방법'이라고 이야기하셨죠. 자전거를 타고 이동하면 더 먼 곳에서 다시 걸을 수 있고, 산책 범위가 확장됨으로써 더 많은 재미를 만나게 된다고 했어요. 더 먼 곳으로의 걷기, 새로운 걷기를 원하는 것처럼 보이기도 하는데요.

걷는 장소도 중요하지만 계속 걷기만 하면 지루하지 않나요? 자전거나 자동차 같은 기술적 요소의 힘을 빌려 반경을 넓히고 새로운 곳을 걸으면 그런 지루함이 사라지는 게 좋아요. 산책의 반경을 확장함으로써 재미도 넓히는 거예요. 그런 새로운 재미를 위해 걷다 말고 따릉이나 킥보드를 타는 거기도 하고요.

책에 "슬로 라이프, 느림의 미학. 그게 바로 산책 아닌가?"라고 쓰셨는데, 그럼 따릉이나 킥보드를 타는 건 산책인가요?

그럼요. 기차나 비행기에 비해 속도가 느리고, 그 정도 속도로는 주변 풍경이나 사람을 볼 수 있잖아요. 반면 자동차만큼 빨라지면 풍경은 눈으로 식별하기 어려워져요. 옛날 SF 영화를 보면, 빠르게 지나가는 주변 풍경이 네온사인처럼 선으로 표현되잖아요. 일종의 과장이고 은유지만 실제로도 그런 것 같아요. 속도가 붙을수록 풍경은 일종의 그래픽이 되고, 진짜 우리랑은 격리된 공간처럼 보이죠. 반면 느리면 느릴수록 하나의 완전한 물질이 되고 부피가 생겨요. 제가 자전거를 좋아하는 이유는 그 사이 지점을 지니고 있어서예요. 인간의 신체가 도시 전체를 소화하기에는… 버거워요. 속도도 그렇고, 규모도 그렇고요. 그래서 자전거 산책이 도시 산책에 가장 적합하다고 생각해요. 가끔 킥보드 타는 걸 즐기는 것도 그런 이유고요.

방금 자동차 속도라면 풍경은 그래픽이 된다고 했고, 책에 "산책과 드라이브는 반대 항"이라고 쓰기도 했는데, 그럼 자동차를 타는 건 산책일 수 없을까요?

그건 산책이 아니라 드라이브죠. 그러나 자동차가 산책의 반경을 넓혀주는 좋은 기술적 요소는 될 것 같아요. 가장

좋은 산책은 자동차를 타고 모르는 지역에 가서, 자전거를 타고 동네를 둘러보다가, 마음에 드는 지점에 자전거를 세워놓고 걷는 게 아닐까요? 가장 확실하게 재미있는 산책이 되겠죠.

이 꿈의 코스를 실현할 수 있다면 어디로 가보고 싶어요?

캘리포니아요.

왜요?

안 가봤으니까요(웃음). 저는 언제나 안 가본 길에서 산책하는 걸 원해요.

걷기에 대해 좀더 이야기해 볼게요. 걷기가 가진 가장 중요한 특성은 자율도가 있는 것이라고 이야기했어요. 차, 기차, 마차는 정해진 코스와 규격이 있는 반면 걷기는 정해진 방향성도 없고, 언제든 벗어날 수 있으며 뒤로, 혹은 옆으로도 걸을 수 있다고요.

언제나 자율도가 있는 활동을 더 좋아하지만, 방향성엔 이유가 있는 법이기에 이걸 해치고 싶진 않아요. 특히 속도가 있으면 방향성은 반드시 요구되니까요. 빠른 속도로 달리는 이동 수단에 방향이 정해져 있지 않다고 생각해 보세요.

큰일 나겠네요.

그래서 자율성 예찬론을 펼치고 싶진 않아요. 도로교통법이 방향과 규격을 정해놓은 데는 반드시 이유가 있는 법이거든요. 근데 이런 방향성 때문에 도시 산책에 문제가 생겼죠.

어떤 문제요?

자동차가 개발되면서 도시를 속도 위주로 개편해 버린 거예요. 자동차가 생겼으니 걸을 일이 대폭 줄어들 거라 생각해서 빠름과 느림, 방향성과 자율성이 공존해야 한다는 사실을 망각하고 자동차의 방향성과 빠름에만 집중한 거죠. 인간은 반드시 실수를 해요. 그리고 이 실수는 50년이 지나서야 인식되기 시작했어요. 저는 그래서 교차와 결합이 중요하다고 봐요. 한쪽으로 휩쓸렸을 때 생기는 문제들이 있거든요.

그 문제 중 하나가 서울과 자연과의 거리라는 거죠. "한강과 생활공간 사이에 놓인 도로가 물리적인, 또 심리적인 거리감을 만든다."고 하셨어요.

맞아요. 도시가 자꾸 그렇게 만들어요. 저는 가볍게 쓱 나가서 아무 데나 걷고, 아무 데나 들어가는 게 좋은데 도시가 도로를 놓음으로써 산책의 흐름을 방해하고,

결국 한강으로, 숲으로 사람들을 모이게 만들어요. "우리 날씨도 좋은데 한강 가서 산책할까?" 하는 식의 목적을 만들어 버리는 거죠. 도시 계획이 속도 위주로 개편되면서 산책 코스를 규정해 버린다는 생각이 자주 들어요. '산책은 여기에서 하세요.' 하는 것 같아서요. 사실 진짜 좋은 산책은 빵 사러 갈 때, 친구 만나러 갈 때, 일하러 갈 때 자연스럽게 걷는 행위가 아닐까요? 근데 지금은 마음먹고 나가야만 하는 행위로 자꾸만 바뀌는 것 같아요. 아무 데나 걷고 싶어도 걷다 말고 도로 때문에 막힌다거나, 인도 끝에 자동차 터널이 나온다거나 하니까요. 100킬로로 차들이 달리는 4차선 도로를 감히 어떻게 건너가겠어요.

도시 계획이 자연스러운 산책을 방해하는군요.
옛날엔 한강 앞에 도로가 아니라 모래사장이 있었어요. 마포구 주민들은 집에서 슬슬 나가 강가를 걷고, 아이들은 헤엄치고 그랬단 말이죠. 근데 이젠 그런 건 상상할 수가 없잖아요.

도시 산책이 순수함을 잃은 것처럼 들리네요. 그럼 지돈 씨에게 특권을 드릴게요. 이 도시를 마음껏 계획해 보세요.
거부할래요. 너무 피곤할 것 같아요(웃음). 계획까지는 무리겠지만 꼭 하나 하고 싶은 게 있다면 강과 대지의 레벨을 맞추는 거예요. 우리나라 강을 떠올려 보세요. 예컨대, 요 바로 앞의 홍제천도 옛날엔 대지랑 강의 레벨이 같았대요. 근데 지금은 천의 레벨이 훨씬 낮거든요. 레벨이 같으면 홍제천 바로 옆에 가게가 있고, 길이 있고, 사람이 걷는 풍경이 만들어져요. 파리의 생 마르탱 운하가 꼭 그런 모습이죠. 강과 길 사이를 가로막는 울타리나 철조망 같은 것도 없이 자연스럽게 어우러지거든요. 사람들이 강가에 걸터앉아 이야기를 나누는 모습이 자연스럽고 예뻐 보이더라고요. 근데 우리나라는 자연과 인공물에 레벨을 크게 두는 경향이 있는 것 같아요. 좀더 자연스럽게, 강가 옆에 가게가 형성되고, 자연물 옆을 사람들이 지나다닐 수 있다면 훨씬 멋진 도시 산책이 가능해질 거라고 생각해요.

좀더 이야기 나누고 싶은데 벌써 시간이 훌쩍 흘렀네요. 마지막으로 산책의 원칙을 여쭤볼게요. 산책광인 칸트는 산책 철칙으로 '혼자서 할 것', '입으로 숨 쉴 것' 두 개를 들었죠. 또 지돈 씨의 산책 친구이기도 한 오한기 작가는 《산책하기 좋은 날》에서 "산책의 원칙은 단 하나였다. 우연과 무의식에 의존하기."라고 쓰셨고요. 그렇다면 정지돈표 산책의 원칙은 무엇인가요?
무원칙이요. 제가 산책하는 이유는 생각을 하기 싫어서예요. 근데 사람이라면 생각을 안 할 수가 없어요.

생각을 하지 말아야겠다는 것도 일종의 생각이니까요. 원칙이 있으면 그 원칙을 생각해야 하고, 그걸 이행하기 위해 노력해야 해요. 산책하면서까지 굳이 그래야 하나, 라는 생각이 있어서 산책은 무원칙으로 하고 싶어요. 저는 '의식적으로 생각하지 않고' 걷고 싶거든요.

그럼 지금부터 무원칙의 산책을 나서 볼까요?
좋아요. 이 오래된, 거대한 규모의 아파트 산책길을 구석구석 소개해 드릴게요.

우리는 1986년부터 한 자리를 지킨 아파트 단지를 산책하기 시작했다. 이 오래된 아파트는 너른 부지를 안고 있었고, 단지는 말도 안 되게 큰 나무와 수많은 놀이터, 웬만한 관광지 못지않은 산책로, 그리고 목욕탕까지 품어내고 있었다. 아마도 경비가 만들어 걸어둔 듯한 새집, 귀엽게 마련된 누군가의 간이 테이블과 오래된 의자를 보며 이런 풍경이라면 앞으로 30년을 걸어도 질리지 않으리라 생각했다. 할머니·할아버지부터 어린아이까지 모두가 편안하게 걷거나 쉬고 있는 모습에 마음이 놓인 건 왜일까. 나지막이 "너무 좋다…." 읊조린 말에 "이 아파트를 좋아해 주니 정말 기쁘네요." 하던 목소리가 잊히질 않는다. 내 동네를 좋아하는, 동네 산책을 사랑하는 자랑스럽고도 뿌듯한 그 목소리.

"일단 양말을 신고 나가보세요." 하루 산책이라는 귀여운
성취를 위해 위트가 깃든 양말을 한 짝씩 신어봅니다.

산책의 한 끗

홍정미—아이헤이트먼데이

요즘 바쁘시죠. '아이헤이트먼데이' 계정만 봐도 새 컬렉션이 나날이 쏟아지는 것 같아요.

그러게요, 예년과 다르게 여름이 되어도 바쁘네요(웃음). 사실 양말은 6월부터 비수기인데 전에 없이 전투적으로 양말을 만들고 있어요. 보통 여름엔 맨발로 다니거나 페이크 삭스라고, 신발 신었을 때 보이지 않는 류의 양말 수요가 많거든요. 그래서 여름 즈음 바짝 쉬고 가을·겨울 바빠지곤 하는데, 올해는 하고 싶은 게 부쩍 많아져서 쉬지 않고 움직이고 있어요.

오늘 신은 양말부터 구경해 볼까요?

(발바닥을 들며) 비교적 최근에 출시한 저희 양말이에요. 핀즐Pinzle이라는 아티스트와 컬래버레이션한 제품인데, 신발을 신었을 땐 안 보이지만 발바닥에 귀여운 포인트가 있어요. 보이시나요(웃음)? 양쪽 무늬가 달라서 바닥이 보일 때 기분이 좋아지는 양말이죠. 쇼룸에서 손님들에게 소개할 때도 신발 벗는 장소에서 신어 보시라고, 사람들에게 "너 양말 진짜 귀엽다."라는 말을 들을 수 있을 거라는 이야길 꼭 덧붙여요.

으와, 진짜 귀엽네요. 내친김에 요즘 가장 좋아하는 양말도 소개해 주실래요?

안 그래도 보여드리고 싶어서 챙겨 왔어요. 이 빨간 니트 양말이에요. 얼마 전에 론칭한 제품인데 사실 두께감이 좀 있어서 여름에 적합한 양말은 아니거든요. 그렇지만 신었을 때 모습이 예뻐서 당장 선보이고 싶어서 출시하게 됐어요. 그동안은 무늬나 색깔 위주로 작업해 왔는데, 자연스러운 모양새에 집중한 첫 양말이어서 빨리 보여드리고 싶었거든요. '나 이제 이런 양말도 만들어!' 하는 가슴 벅참이 있는 양말이죠.

좀더 자랑해 주세요.

그럴까요(웃음)? 이 양말은 보기보다 신고 걸어 다닐 때 매력이 드러나는 제품이에요. 걸을 때마다 슬슬 흘러내리는데, 그 모습이 무척 예쁘거든요. 너무 많이 흘러내려서 불편해지지 않도록 길이감을 조절했어요. '7 Days Socks'라고 이름 붙여서 총 일곱 가지를 만들었는데, 디테일이 살아 있도록 신경 써서 만든 아이들이죠. 보시면 조직이 하나가 아니거든요. 총 네 가지 모양과 짜임을 볼 수 있어요. 섬세하게 만든 티가 많이 나는 양말인데 앞으로는 좀더 이런 쪽으로 집중하고 싶어요. 색이나 패턴으로 승부를 보는 양말도 계속해서 만들겠지만 다른 쪽에서도 업그레이드된 디자인을 보여드리려고요.

합정에서 아이헤이트먼데이 쇼룸을 본 게 엊그제 같은데, 벌써 11년을 맞이했더라고요. '사람들이 좋아하는 양말은 이런 거구나.'라는 기준도 생겼을 것 같아요.

시간 참 빠르죠(웃음). 대중이 선호하는 양말과 저희 고객들이 좋아하는 양말은 확연히 달라요. 아이헤이트먼데이를 좋아해 주시는 분들은 확실히 위트가 있는 양말을 선호해요. 같은 줄무늬 양말이어도 양쪽 무늬 간격이 다르거나 색이 달라서 포인트가 있는 식으로요. 사실 스트라이프 양말만 해도 어디에서나 볼 수 있는 패턴이잖아요. 아이헤이트먼데이는 이런 평범한 양말에 디테일을 더하는 걸 좋아해요. 아주 튀지 않으면서도 소소한 재미가 있는 양말! 그런 양말은 신발이나 옷을 좀더 돋보이게 해주거든요.

소소한 귀여움이라고 생각하는데 디자인하는 입장에선 번거로운 일일 것 같아요. 양쪽을 다르게 디자인하는 건 작업을 두 번 하는 셈이니까요.

그렇긴 하지만 그게 아이헤이트먼데이의 매력인 것 같아요. 요즘은 그런 양말을 일주일에 한 컬렉씩 내고 있는데, 추진력을 한껏 받은 때여서 불도저처럼 돌진하고 있어요(웃음). 지금 안 만들면 미칠 것 같은 양말들이 너무 많거든요. 한 달에 두 개 컬렉션을 선보인 적도 있어서 '이렇게 많이 만드는데 나 정말 괜찮을…' 걱정도 많이 했어요. 근데 안 만들면 도저히 못 참겠더라고요.

아이헤이트먼데이라는 이름은 직장 생활할 때 월요일이 싫어서 나온 이름이라고 들었어요. 월요일마다 좋아하는 양말을 신고 출근했고, 그게 '초록색 스트라이프 양말'이었다고요.

여유가 없던 막내 시절에 일본으로 출장 가서 산 양말이었어요. 그 당시 같이 간 언니들은 가방도 사고, 지인들 선물도 좋은 걸로 고르는데 저는 그럴 여윳돈이 없는 거예요. 그래도 뭐라도 사고 싶어서 고민하다가 양말을 사기로 했죠. 15년 전에 양말이 1만 원 돈이었으니 꽤 큰맘 먹고 산 거였어요. 뜯지도 않고 소중히 가지고 있다가 스트레스받던 어느 날 태그를 떼고 처음 신었는데, 그 느낌이 너무 좋더라고요. 시간이 지나도 새 양말을 신던 그 기분이 잊히질 않았어요. 이 기분을 잊지 않고 살아야겠다 마음먹은 적이 있는데, 그 기억 덕분에 지금 양말을 만들고 있는 거 같아요.

그 양말 볼 수 있어요?

지금은 없어요. 주기적으로 양말을 정리하거든요. 양말 샘플부터 우리 제품, 다른 브랜드 제품까지 들어오는 양말이 너무 많아요. 아이헤이트먼데이 양말만 해도 11년 동안 몇천 개를 출시했으니… 모든 양말을 다 가지고 있기가 벅차요. 양말에 파묻혀 사는 삶이 계속되면서 그 양말은 자연스럽게 잊히기도 했고요. 양말이나 물건을 주기적으로 정리해서 버리곤 하는데 그때 자연스럽게 정리된 것 같아요.

어쩐지 의외인걸요. 아기자기하게 많은 물건을 모아두는 성격일 줄 알았거든요.
저요(웃음)? 물건 진짜 잘 버려요. 제 청첩장도 버렸는걸요. 태어나서 한 번도 뭔가를 수집해 본 적이 없어요. 다시 유행하는 포켓몬스터 빵도, 어릴 때 히트 친 국진이빵도(웃음) 스티커 한 번 욕심내 본 적이 없죠.

이쯤 되니 애착을 가지는 물건이 궁금해지네요. 뻔한 질문이지만, 집에 불이 나면 딱 한 가지 뭘 챙길 것 같아요?
처음 받아보는 질문인데(웃음), 음… 굳이 가지고 나가고 싶은 물건은 없는 것 같아요. 휴대폰이나 자료가 들어 있는 노트북…?

물건에 미련이 없어요?
네. 호불호도 강해서 좋은 건 남기고 싫으면 버려요. 이번 주말에도 뭘 되게 많이 버렸어요. 아무리 고가의 물건이어도 안 쓰는 건 미련 없이 정리하는 편이에요. 모아두면 지저분해서 싫더라고요.

아이헤이트먼데이는 양말 브랜드를 해야겠다는 마음에 앞서 '뭔가 재미있는 걸 해야겠다.'라는 생각으로 이름부터 지은 브랜드였다고 들었어요. 그때 찾고자 한 '재미'라는 게 어떤 거였어요?
그땐 싫어하는 게 너무 많았어요. 짜증 나는 것도 많고, 화가 좀 많던 시기죠. 인생이 너무 재미없었거든요. 전 호불호가 강한데, 싫은 것만 너무 많아지니까 사는 데 도움이 전혀 안 되더라고요. 그래서 본격적으로 제가 좋아하는 것들을 적어 보기 시작했어요. 그제야 인생이 조금씩 재미있어졌죠. 저를 행복하게 하는 것 중엔 패션이랑 양말의 존재가 무척 컸어요. 좋아하는 걸 찾아서 떠나야겠다 마음먹고 초기 자본에 맞춰서 시작한 게 양말 브랜드였죠. 그래서 아이헤이트먼데이의 모토는 "나는 싫어하는 게 많아서 좋아하는 양말을 신어요."예요.

아이헤이트먼데이가 생길 때만 해도 패션 양말이 일반적인 시대는 아니었죠. 지금은 양말에 맞춰 옷을 골라 입는 사람도 많은데요. 양말을 디자인할 때 '어떤 옷과도 잘 어울릴 것'이란 원칙이 있다고 들었어요.

처음 브랜드를 시작했을 땐 양말을 다소 과하게 만들었어요. 눈에 띄고 싶어서 '저는 이런 브랜드고! 이런 양말 만들어요!' 하고 소리치듯 디자인한 거죠. 그러나 지금은 양말이란 자주 신어야 하고, 자주 손이 가야 좋다는 생각이 커요. 아무리 예쁘고 마음에 들어도 자주 신지 못하면 너무 아쉽잖아요. 어디에나 잘 어울리고, 매일 신을 수 있는 양말이야말로 사람들에게 친근한 브랜드가 되는 길이라고 생각했어요. 저는 정말 많이 걷는 편인데요. 걸을 때마다 사람들 양말을 눈여겨 살펴봐요. 어떤 차림에 어떤 양말을 신는지, 어떤 양말이 특히 인기가 많은지 눈으로 시장 조사를 하는 거죠. 진짜 유행을 볼 수 있는 건 길거리니까요. 짧은 기장의 바지가 유행한다 싶으면 발목이 긴 양말을 디자인하는 게 아이헤이트먼데이 양말을 기획하는 방식이에요. 그런 아이디어에서 출발해 디자인하고, 샘플 뽑고, 직접 신어보며 테스트하고 정식 출시까지 이어지는 거죠.

테스트하다가 이 양말은 진짜 안 되겠다, 싶던 순간도 있었어요?
많죠. 일단 제 눈에 안 예쁘면 탈락이에요(웃음). 또 테스트 과정에서 탈락하는 양말도 많은데, 예를 들면 이런 거죠. 구두랑 신을 땐 예쁜데 운동화에 신었더니 보풀이 많이 인다든지…. 가끔은 샘플 보고 나서 '내가 이렇게 구리게 디자인했다고?' 싶을 때도 많아요(웃음). 한번은 컬러 번호를 잘못 써서 전혀 다른 색으로 실이 발주된 적이 있어요. 터무니없는 컬러로 상품이 완성된 거죠. 당황했지만 이 제품을 판매할 순 없어서 눈물을 머금고 전량 폐기했어요. 다른 브랜드랑 비슷한 양말이 완성돼도 미련 없이 폐기해요. 누군가 아이헤이트먼데이 양말과 비슷한 걸 만든다면 저도 무척 예민해질 테니까 카피 부분에서 특히 더 조심스럽죠. 그래서 항상 디자인이 끝나면 비슷한 디자인은 없는지 우리나라 양말 브랜드를 모두 찾아봐요. 마음먹고 카피하지 않았더라도 스쳐 지나가며 본 기억이 남아 카피할 우려도 있으니까요.

아이헤이트먼데이 양말들은 평범한 옷차림에 가장 잘 어울리는 것 같아요. 흰 티에 청바지 같은 평상복일 때 특히 눈에 띄거든요.
평범하지만 예쁜 걸 만드는 거, 그게 우리 포지션인 것 같아요. 여행지에서 관광객들이 너도나도 가는 그런 가게 말고, 산책하다 우연히 발견하게 되는 가게들 있잖아요. 평범한 가게인데 너무 예쁜, 그래서 '나만 알고 싶은' 가게요. 아이헤이트먼데이는 그런 역할을 하고 싶어요.

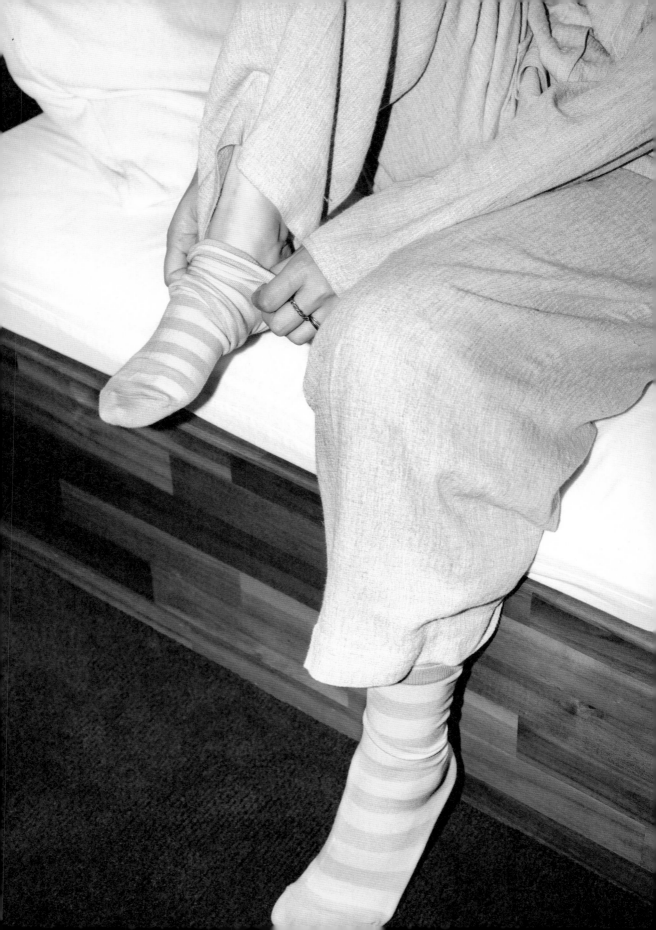

평범한데 예쁘기가 진짜 어려운 거 아니에요?

그렇죠(웃음). 사실 양말이라는 건 아주 튀게 디자인하지 않는 이상 대부분 평범해요. 근데 예쁠 수 있는 한 곳이 있거든요. 보이는 곳에 있는 포인트도 그렇지만, 안 보이는 곳에 숨어 있는 한 곳! 요즘 제가 꽂힌 포인트죠. 그 한 곳이 사람들 마음을 울리는 것 같거든요.

양말을 만들 때 주변에서, 바깥에서 영감을 얻는단 얘길 들었어요. 횡단보도의 스트라이프나 신호등 색 같은 데서요.

맞아요. 눈에 보이는 모든 게 양말 같아요. 건물도, 꽃도, 빨래도 모두 다 영감이죠. 그래서 책상에 엉덩이를 붙이고 앉아 웹사이트에서 아이디어를 찾기보다는 나가서 뭐라도 봐야 더 많은 게 떠오르는 편이에요. 양말은 아주 일상적인 아이템이라고 생각해요. 그러니까 아이디어도 일상에서 온다고 믿고 있죠. 그 아이디어에 제가 생각하는 귀여움, 즐거움을 담아서 진심 어린 양말을 만들고 싶어요. 그래서 자꾸 산책을 하게 되는 거고요.

요즘 정미 씨의 산책은 어때요?

계절 덕분에 기분 좋은 산책을 하고 지내요. 지난주엔 업무 끝나고 남산 끝까지 올라갔다 왔는데, 그 시간이 정말 좋았어요. 살면서 전국 곳곳의 좋다는 산책길을 참 많이 찾아다녔거든요. 근데 쇼룸에서 걸어서 5분 거리에 이렇게 좋은 곳이 있다는 걸 새삼 깨달은 시간이었어요. 저녁에 오르다 보니 야경도 볼 수 있었는데, 서울 정말 좋다는 생각이 오랜만에 들더라고요. 멀리서 하는 산책도 좋지만 생활 반경에서 나만의 산책길을 찾는 게 진짜 재미있는 일 같아요.

아무리 간단한 산책이어도 시간을 내야만 하는 일이잖아요. 시간 내기가 어렵진 않아요?

저는 '시간이 없어서 못 했다.'는 말을 좋아하지 않아요. 세상에 저보다 바쁜 사람은 많아요. 그래서 이 정도는 바쁜 것도 아니란 생각을 항상 하려고 하죠. 시간은 내려면 얼마든지 낼 수 있어요. 어렵다고 생각하지 마세요. 양말 신고, 신발만 신으면 되거든요. 운동하기 싫어도 신발을 신으면 나가게 되고, 나가면 뭐든지 할 수 있어요. 단지 시간이 없어서 이 계절, 이 시간에 즐길 수 있는 걸 놓치는 건 저 자신에게 미안한 일이에요. 정말 시간이 없다면 잠을 줄이면 되니까요. 아침에 조금만 일찍 일어나면 즐길 수 있는 것들이 얼마나 많은데요!

엄청 부지런한 마인드를 갖고 있군요.

사실 체력이 타고난 것도 있어요. 나태한 제 모습을 싫어하기도 하고요. 하기 싫은 것까지 해냈을 때 성취감이 큰 사람이어서 저는 부지런하게 사는 제 모습에 심취해 사는 것 같아요. 심지어 제가 참여하는 산악회는 등산 시각이 5시예요. 그렇게 움직여야 남은 시간을 나를 위해 쓸 수 있으니까, 저는 이런 방식이 굉장히 합리적이라고 생각해요. 조금 일찍 일어나 시간을 최대한 활용하는 거! 이런 제 모습을 스스로 무척 좋아하기도 하고요.

성취라는 단어는 늘 장기적이고 무겁게 느껴졌는데, 정미 씨 이야기를 들으니 작고 귀엽게 다가와요.

저는 작은 목표를 섬세하게 정해두고 하루를 보내는 편이에요. 성취감을 느낄 때 스스로 칭찬해 주면 자존감이 높아지고 기분도 좋아지거든요. 해냈다는 느낌이 너무 좋아서 저를 사랑하지 않을 수가 없어요(웃음). 버스를 타면 두 정거장 일찍 내려서 걷고, 음식물 쓰레기 버리러 나가서 10분 산책하고… 그런 작은 목표들 덕분에 저는 매일 해냈다는 성취감을 느끼며 지내요.

생활 반경에서 자주 산책하시는 것 같아요. 늘 같은 길을 걸어도 산책할 때만 보이는 풍경들이 있잖아요. 어떤 풍경들을 새롭게 마주했어요?

한동안 자차로 출퇴근하다가 지금은 직원들과 함께 퇴근하고 있는데요. 우리 직원들 퇴근 루트가 정말 귀여워요. 엄청난 디테일이 있거든요. "지금 건너지 말고, 저쪽 건널목에서 건너요. 그럼 신호를 딱 맞출 수 있어요."라면서 횡단 신호를 체크한다든지, "저 카페 아저씨 인사 되게 잘 받아줘요." 하고 다 같이 인사하는 식이죠. 진짜 귀여운 건 퇴근길을 일부러 돌아가는 건데요. 어느 지점에서 "조금 있으면 고양이가 나올 거예요." 하더니 고양이 이름을 막 부르더라고요. 그러니까 기다렸다는 듯 엄청 맹하고 귀엽게 생긴 고양이가 나타났는데, 직원들이 가방에서 주섬주섬 간식을 꺼내 챙겨주더라고요(웃음). 직원들이랑 처음 같이 퇴근하던 날 '이게 뭐야! 너무 재밌다!' 싶었어요. 이 재밌는 걸 저만 몰랐다니!

정말 귀여운 행복이네요.

걷지 않으면 알 수 없는 행복이죠. 귀여운 퇴근길을 함께하다 보니 덩달아 우리 직원들도 귀여워 보이더라고요. 퇴근길 루트를 만들었다는 것도 너무 귀엽지 않나요(웃음). 산책할 때만 만날 수 있는 즐거움은 분명히 있는 것 같아요. 누군가와 함께할 때 나눌 수 있는 것들도 생기고요. 어디 카페가 맛있다더라, 같은 주변 정보도 자연스럽게 공유하게 되니까 일하는 게 좀 더 재미있고 풍요로워졌어요.

산책은 어떤 식으로든 환기해 주는 행위 같아요. 그러나 유형은 모두 다를 텐데요. 산책할 때 꼭 챙기는 게 있나요?
음… 산책할 때….

휴대폰을 놓고 나간다든지….
휴대폰은 있어야 해요. 산책하는 모습을 SNS에 올려야 하거든요(웃음). 사람들에게 '나 산책했어!'를 알리면 내일도 할 수 있고, 모레도 할 수 있게 돼요. 그것 또한 저한텐 성취죠. 음, 나갈 때 꼭 챙기는 건… 현금! 동네를 산책하다 보면 현금으로만 살 수 있는 것들을 꽤 만나게 되더라고요. 그래서 비상금은 잊지 않고 있어요.

붕어빵 비용!
맞아요. 뽑기도 한번 해봐야죠(웃음). 또 신경 쓰는 게 있다면 신발이에요. 웬만하면 러닝화를 신고 나가죠.

걷기만 하는데도 러닝화가 도움이 되나요?
그럼요. 평범한 운동화로 산책하는 것보다 러닝화를 신으면 느낌이 확실히 달라요. 꼭 러닝화가 아니더라도 바닥이 폭신폭신한 신발이 좋죠. 걸을 만한 신발이 마땅치 않다면 깔창에 붙이는 쿠션 스티커를 추천해요. 족저근막염을 위해 나온 쿠션이라고 들었는데, 이걸 하나 붙여두면 정말 편하게 걸을 수 있어요. 저는 양말만큼 신발도 좋아하거든요. 깔창이 너무 얇거나 낮지 않은 것들로 눈여겨보는 편이에요.

역시 산책할 땐 옷보다 신발에 신경 쓰게 되죠.
예쁘게 입으면 물론 좋겠지만 산책은 걷는 행위니까 걸을 때 쾌적한 게 최고더라고요. 걷기뿐만 아니라 러닝도 하고 있어서 더 러닝화에 집중하는 거기도 해요. 런데이 애플리케이션을 이용해서 3분 뛰고 2분 쉬고, 3분 뛰고 2분 쉬고를 반복하는데요. 하루 목표치를 달성하면 도장을 찍어주거든요. 그게 굉장히 재미있고 성취감도 있더라고요. 몇 킬로를 뛰었는지 다 기록되고 응원도 해주니까 더 열심히 으쌰으쌰 하게 돼요.

뛰는 코스도 궁금하네요.
집이 이대 쪽이어서 경의선숲길 쪽으로 자주 달려요. 요즘은 경의선숲길까지 20분 걷고, 도착하면 30분 뛰고, 다시 20분 걸어서 집으로 돌아오는 루트를 애용해요. 어제는 이대를 한 바퀴 걷다가 운동장에서 30분 뛰고 들어오고, 그제는 연대 쪽으로 가서 한 바퀴 걷다가 30분 뛰고 돌아왔어요. 돌아오는 길에도 그냥 터덜터덜 걷는 게 아니라 좋아하는 가게들을 유심히 살펴봐요. 귀여운 카페에서 커피를 사 온다든지, 좋아하는 젤라토 가게에서

아이스크림을 산다든지 하면서요. 우리 직원들에게 퇴근길 루틴이 있듯, 저한테도 산책길 루틴이 있어서 일부러라도 루틴에 재미를 더하기 위해 새로운 가게들을 살펴보게 돼요. 또 사람 구경도 좋아하죠. 어떤 사람이 어떤 신발, 어떤 양말을 신고, 어떤 옷차림으로 다니는지 눈여겨보는 걸 소홀히 하지 않거든요.

최근 양말 트렌드는 어때요?
요즘엔 컬러감 있는 양말 신는 사람이 옛날보다 훨씬 많아졌어요. 이 계절쯤 되면 양말을 안 신는 사람이 대부분이었는데 지금은 맨발보다 예쁜 양말이 더 많이 눈에 띄거든요. 특히 남성분들은 보통 흰색이나 검은색 양말만 신었는데 요즘엔 양말을 센스 있게 신는 분들이 많아졌어요.

직장에 다닐 땐 월요일이 그렇게나 싫다고 하셨는데, 요새는 일터 바깥에서도 일 생각을 하고 있네요. 요즘은 월요일 어때요?
여전히 싫죠(웃음). 월요일은 싫은 게 당연한 것 같아요. 주말은 너무 짧잖아요. 게다가 저는 토요일까지 일하기 때문에 일요일 딱 하루 쉬거든요. 그래서 주말이 더 소중하고, 월요일이 안 오면 좋겠고…. 근데 월요일을 싫어하는 마음이 이전처럼 심하지는 않아요. 월요일이 좋아지도록 양말을 만드는 거니까 계속 월요일을 조금은 싫어하고 싶어요. 사람들이 월요병을 어떻게 극복할 수 있게 할까, 내가 어떤 사람이 되면 좀더 월요일을 좋아할 수 있는 양말이 탄생할까, 이런 연구를 하는 게 제가 할 일 같거든요. 그래서 월요일이 올 때마다 싫음에 관해 자꾸 연구하게 돼요. 아! 저는 월요일이 너무 싫어요!

싫은 거에서 영감을 얻는다는 말이 재밌네요. 싫어하는 걸 기쁘게 물어보는 건 처음인 것 같은데, 요샌 또 어떤 거 싫어해요?
아픈 거요. 제가 워낙 체력도 좋고 아프지 않던 사람이라 건강을 잃는 데 큰 두려움이 없었거든요. 근데 코로나19에 걸렸을 때… 와, 너무너무 아팠어요. 일평생 처음으로 몸이 아프다고 느껴본 경험이었는데 이걸 겪고 나니까 사람들이 왜 등산하는 걸 싫어하고 운동을 어려워하는지 알게 됐어요. 그리고 무엇보다 아프니까 일에 속도가 안 붙더라고요. 30분이면 끝날 일이 한 시간이 지나도 진척이 없고…. 그래서인지 요새 건강이라는 키워드에도 많이 꽂혀 있어요.

아이고…. 후유증은 없나요?
폐 기능이 많이 안 좋아졌어요. 그래서 이전보다 오래 뛸

수가 없어요. 뛰다 보면 가슴을 부여잡고 '윽!' 하는 일도 많아요. 저는 1년에 한 번 아플까 말까 한 사람인데다가 치과도 한 번을 안 가봤거든요. 잠도 네 시간 정도 자면 체력이 충전돼서 아무리 오래 자도 아침 6시면 눈을 떠요. 한번은 대상포진에 걸린 적이 있는데, 감기 기운이 있다고만 생각했지 아픈 줄도 몰랐어요. 심지어 포진을 짜기까지 했죠. 근데 다음 날 되니까 포진이 엄청나게 커져 있었어요. 병원에 갔더니 의사 선생님이 당장 입원하라면서, 살다 살다 포진을 짜는 사람은 처음 봤다고 하시더라고요(웃음).

맙소사…. 몸의 건강은 정신과도 확실히 연결되는 것 같아요. 그래서 정미 씨가 긍정적으로 생활하는 게 아닐까 싶기도 하고요. 짓궂게 비관적인 질문을 해볼게요. 만약 당장 양말이 사라지면 어떨 거 같아요?
또 다른 좋아하는 걸 찾지 않을까요?

진정한 긍정의 왕이군요! 아이헤이트먼데이를 좋아할 수 있는 건 이 브랜드를 좋아하고 응원해 주는 사람들의 역할도 크다고 생각해요.
아…. 괄호 치고 '눈물'이라고 꼭 써주세요(눈물). 기억에 남는 손님들이 정말 많아요. 저희 첫 쇼룸을 닫을 때 카메라로 구석구석 사진을 찍고 인화해서 보내 주신 분도 있었고, 여태 본인이 신어온 아이헤이트먼데이 양말 사진을 모아서 작은 책을 만든 분도 계세요. 또, 어떤 분은 저희 양말을 한 번에 100개 구입하셔서 담벼락에 하나씩 붙이고 다니기도 했어요. '제가 좋아하는 양말 브랜드예요. 여러분도 한번 신어 보세요.'라는 의미로요. 아이헤이트먼데이를 좋아해 주시는 분들은 사랑을 표현하는 방식이 참 다양해요. 그게 저한텐 굉장히 큰 기쁨이에요. 동시에 부담감이 생기기도 했어요. 내가 지치지 않고 잘해야 한다, 보답해야 하는 사람들이 있다,라는 책임감이 생긴 거죠.

어깨가 무겁겠는데요. 그렇다면 아이헤이트먼데이가 양말로 할 수 있는 끝판왕 프로젝트가 뭐라고 생각해요?
양말을 제대로 못 신는 분들께 양말을 신을 수 있도록 방법을 제시하는 거예요. 매일유업에서 특수 분유를 만드는 것처럼 저희도 양말에 대한 반경을 넓히고 싶어요. 한번은 시각장애인을 위한 점자 양말을 만들어서 양말 컬러를 제안하는 프로젝트를 한 적이 있어요. 시각장애인은 검은색 양말만 신는단 이야기를 듣고 선택의 폭을 넓혀 주고 싶었거든요. 홈리스에게 일거리 서비스 기회를 제공하는 《빅이슈코리아》와 함께 정기구독자에게 증정하는 양말을 만들기도 했고, 배달의민족이랑

독거노인을 돕는 프로그램에 함께한 적도 있어요. 이런 활동을 하게 되는 데는 저희 고객들 영향도 커요. 최근에도 감동한 일이 있는데, 어떤 분이 저희 양말을 50켤레 구입하셔서는 남몰래 서울대학병원에 기부하신 거예요. 우리 브랜드를 좋아해 주시는 분들의 마음이 이러한데 저희가 가만히 있으면 안 되겠다는 자각이 들더라고요. 더 열심히 좋은 일을 하고 싶어서 지금은 아기들에게 양말을 기부하는 프로젝트를 하고 있어요. 고객들이 아이헤이트먼데이를 아껴주는 데서 그치지 않고 좋은 일을 많이 하시니까 저희도 자꾸 양말로 도움이 될 만한 일을 찾게 돼요. 옛날엔 거창하게 세계로 뻗어나가고, 투자를 받는 큰 브랜드가 되고 싶었는데요. 이제 그런 데는 관심이 없어요. 사랑받은 만큼 돌려드리고, 보답하는 브랜드가 되고 싶어서요.

참 예쁜 고객과 예쁜 브랜드네요. 확실한 시너지를 내는 것 같아요.
좀 독특하죠? 브랜드를 마냥 좋아만 하는 게 아니라 어떻게든 선한 영향력을 만들고 싶어 하는 우리 고객들이요. 그래서 제가 자꾸 더 부지런해지는 게 아닐까 싶어요. 체력왕이 되기 위해 오늘도 양말 신고, 신발 신고, 밖으로 나가 보려고요. 같이 가실래요?

한 끗의 매력

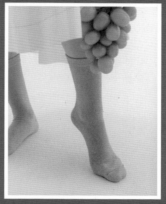

1.   2.

3.   4.   5.

1. Oh Monday Ivory
요일 이름을 쓰고 월요일에만 밑줄을 그었어요. 월요일을
싫어하는 마음을 그래픽으로 표현해 본 양말이에요.

2. Edinburgh Navy
10년 이상 꾸준히 사랑받은 아이헤이트먼데이의 시그니처
양말이에요. 양쪽 줄무늬 굵기가 다르죠. 나만 알 수 있는
위트는 하루를 즐겁게 해줘요.

3. Weekend 104 | 365 Ivory
소중한 주말을 위한 양말! 나가서 산책하고 걷기 좋도록
바닥에 쿠션을 넣어 만들었어요. 오래 걸어도 괜찮도록
발바닥의 피곤함을 덜어줘요.

4. Glitter Socks Lime
상큼한 색상의 글리터 삭스에요. 패션 양말에 입문하는
분들에게 가장 먼저 추천하는 양말이죠. 어렵지 않게
양말로 옷차림을 풍성하게 만들고, 포인트를 줄 수
있거든요. 상큼한 색상이 주는 산뜻한 기분은 신어 본
사람만 알 수 있어요.

5. I Hate Monday × Pinzle House Tomato Ivory
독일 일러스트 작가 미스터프레드의 토마토 이미지를
활용하여 제작했어요. 지친 월요일이 즐거워지길 바라는
마음을 담아 디자인했죠. 기분 좋은 고무단 색상과 위치가
다른 토마토 그림! 즐겁지 않나요?

김제역에 도착하자마자 눈앞에 펼쳐진 평야를 보며 한숨을 폭 쉬었다.
이건 힘들어서 내뱉는 한숨이 아니었다. 안도와 기쁨 섞인 숨이었다. 크게
호흡하면서 이곳의 폐가 한 채를 덜컥 사버린 그녀의 결심을 가늠해봤다.
왠지 그 마음이 내 마음 같이 느껴진다. 폐가는 '오느른'이라는 이름이 붙은
어엿한 집이 되었고, 이곳에 쌓인 추억도 어느새 두 해를 지났다. 평야에서의
산책은 어떨까. 걸음걸음마다 여유와 온정이 철철 흐를 것만 같다.

오늘을 사는 어른들

오느른─유튜버

에디터 김지수
포토그래퍼 최모레

새소리가 선명히 들려요. 정원이 정말 아름답네요.
정원은 아버지가 다 관리하신 거예요(웃음). 주변이 정말
조용하죠. 여기서 혼자 밥 먹을 땐 씹는 소리가 울리는
것처럼 들리기도 해요.

**시골 평야를 보니 마음이 고요해지네요. 오느른 유튜브
채널이 어느새 두 번째 해를 맞이했어요. 동시에 아쉬운
소식이 들려오네요.**
오느른은 6월을 끝으로 휴식기를 가지려 해요. 오랫동안
고민이 많았어요. 오느른은 유튜브 채널이긴 하지만
엄연히 MBC의 방송 채널이기도 하거든요. 저는 MBC의
PD이고요. 지극히 개인적인 계기로 이 집을 사게 됐고,
우연히 집을 배경으로 콘텐츠 기획안을 내면서 어떻게
보면 우연히 오느른을 시작하게 되었어요. 지속하다 보니
작은 이슈들이 쌓였죠. 회사 차원의 문제도 있고, 한편으론
제가 오느른이라는 채널을 이용해서 이 집을 홍보하고
수익을 얻으려는 것처럼 보일 수 있더라고요. 이런
피드백은 극히 일부지만 PD가 시골에 와서 뭐 하나, 하는
말들도 있었고요. 처음 이 집을 구하게 된 것도 단순히
쉼이 필요해서였는데, 오느른이 콘텐츠가 되면서 PD로서
해야 할 일들을 계속 찾게 됐어요. 멈춘다기보다는 오히려
처음으로 돌아가고 있다는 표현이 더 맞을 것 같아요.

**처음의 이야기가 궁금해져요. 이 집의 첫인상은
어땠나요?**
따뜻했어요. 당시에 정읍에 있는 폐가 한 채도 봤는데 그
집을 계약했으면 정읍에서 오느른이 시작됐겠죠(웃음).
같은 가격에 2층 양옥집이었는데 거기는 마을 전체가
텅 빈 느낌이 들었어요. 말 그대로 폐가였죠. 그리고
김제에서 이 집을 보게 됐는데 햇살이 가득 드는 분위기가
편안하고 안락하게 느껴지더라고요. 서울에서 직장 생활을
하다 보면 해와 가까울 일이 거의 없잖아요. 오느른에서
살기로 마음먹었을 때 서울에서 무척 힘든 시기를 보내고
있었거든요. 빛이 화사하게 드는 이 집을 보는 순간 꼭
사야겠다고 마음먹었어요.

정말 힘든 시기를 지나고 있었나 봐요.
그랬죠. 제가 오랫동안 프리랜서로 다큐멘터리 PD 일을
하다가 늦은 시기에 큰 회사에 들어간 경우였거든요.
회사에 들어가면서 경제적으로 안정을 얻고 먹고살
만해지니까(웃음) 새로운 국면을 맞이하게 된 거죠. 큰
조직 생활이 처음이었고 커리어에 비해 사회 경험이
적은 편이었어요. 모두가 그렇듯 사회초년생의 어려움과
처음 마주하게 된 거예요. 누가 봐도 안정적이어야 하는
시기였지만 저 자신은 굉장히 불안한 때였어요. PD로서

잘하고 있나, 하는 의문이 계속 들었고요. 못하는 건
아니지만 그렇게 잘하는 것 같지도 않고, 서른이 넘었는데
뭔가 성취한 것도 없는 것 같아서 불안했죠. 누구나
사람들과 잘 지내는 사람이 되고 싶잖아요. 그런데 저는
솔직하게 의견을 피력하는 성향이라 조직 생활 안에서
크고 작은 트러블을 종종 겪었어요. 나중엔 스스로 문제를
만들고 있나, 하는 걱정들이 쌓였죠. 주변에서 다들 3년만
버티라고 하길래 열심히 버텼는데 꼬박꼬박 들어오는
월급을 받다 보니 프리랜서일 때 가졌던 전투력도 조금씩
상실하게 됐어요.

**그래서 쉬기 위해 오느른을 시작했는데 일을 더 벌인
셈이 된 거네요(웃음).**
그렇죠(웃음).

PD로서는 어떤 콘텐츠를 만들었나요?
개인 프로덕션을 운영하면서 다큐멘터리를 주로
만들었어요. 지금까지 제가 기획한 콘텐츠들은 대부분
저만의 개인적인 고민에서 출발했어요. 한참 다이어트를
열심히 하던 때가 있었는데 계속 물을 마시라고 하길래,
그때는 물을 잘 마셔야 한다는 정론이 이슈가 되기
전이었거든요. '정말 도움이 된다고?' 하는 물음에서
시작했던 프로그램이 SBS 〈물 한 잔의 기적〉이었어요.
결과가 좋아서 2년 정도 물 이야기만 했던 것 같아요.
20대 후반에는 비혼이라는 키워드가 이슈일 때였는데,
제 주변에는 비혼이라고 말하는 사람이 거의 없었거든요.
정말 다들 비혼을 원하는 건지 의문이 들어서 결혼을
주제로 다큐멘터리를 만들기도 했어요.

**의심으로 출발했던 거네요. 평소에도 고민이 많은
편인가요?**
안 그러다가도 작은 것에 의문이 들기 시작하면 끝도 없이
고민하는 편이에요. 조금 피곤한 성격이죠(웃음).

**오느른 영상을 보면서 느꼈는데, 쉬는 시간에도
끊임없이 움직이시더라고요.**
최근에 조금 인정하게 됐는데 저는 혼자서 가만히 있으면
우울해지는 사람이더라고요. 몰랐는데 외로움을 많이 타는
것 같아요. 우울해지지 않기 위해서 계속 할 일을 찾나
봐요. 오느른을 시작한 것도 그런 까닭이에요. 휴대폰도
배터리가 없을 때 그냥 두면 결국엔 꺼지잖아요. 충전기가
꼭 필요한데 저도 그런 것 같아요. 물론 가만히 누워 있는
시간도 필요하지만 돈을 벌기 위한 일 말고 다른 일을
통해서 영감을 받고 에너지를 얻는 일이 저에겐 휴식에
가까워요.

오느른 채널을 운영하는 건 휴식이 되었나요?

정말 많은 힘이 됐죠. 말 그대로 혼자 쉬는 시간을
가지기도 했지만 채널을 통해 구독자분들의 피드백을 받고
더 힘을 얻기도 했어요. 지금까지 제 고민으로 출발해서
콘텐츠를 만들어 왔듯 오느른도 순전히 제 고민으로
시작했는데 늘 제가 가진 고민이 저 혼자만의 것이라고
생각해서 외로울 때가 있었거든요. 그런데 그게 아니라는
걸 오느른을 통해 깨닫게 된 거예요.

**맞아요. 저도 오느른을 알게 된 게, 한참 서울 생활에
지쳤을 때였어요. 힘들어하는 저에게 친구가 오느른 영상
링크를 보내주더라고요. 결국 같은 고민을 하는 사람들이
오느른에 모이는 것 같아요.**

너무 감사한 일이죠. 만약 힘듦 지수 게이지가 최대
10까지 있다면 예전에는 10을 꽉 채워 올라갔는데 지금은
적당한 선에서 멈춘다는 생각이 들어요. 제가 가지고 있는
고민들은 여전하지만 깊은 고민으로 빠지지는 않아요.

오느른 덕분에 많은 변화가 있었네요.

맞아요. 몰랐던 제 모습들과 마주하기도 했어요. 사실
오랫동안 콤플렉스였던 게 나만의 취향이 없다는
거였거든요. 특히 PD들은 각자 개성이 뚜렷한 동료들이
많아요. 음악 이야기가 나오면 마치 평론가들이 할
법한 대화가 오가는데, 저는 가요 Top 100을 듣는
사람이거든요(웃음). 오느른을 통해 영상 속의 제 모습을
보면서 타자화된 자신과 마주하면서 몰랐던 제 모습을
너무 많이 보게 된 거예요. 제가 저를 계속 관찰하는 거죠.
바보 같은 면들이 그대로 영상에 실렸는데 사람들 반응이
의아했어요. 부족한 제 모습도 곧잘 반겨 주시더라고요.
자존감이 점점 커졌죠. 그 전에 제 고민은 계속 잘하고
있는 게 맞나, 의심하는 거였잖아요. 많은 공감을 받게
되면서 못해도 괜찮다는 걸 알게 된 거죠. 다 열어놓고
보게 된 것 같아요. 내가 이런 걸 좋아했구나, 나한테 이런
면도 있네, 혼자 긍정적인 시선을 찾아갔어요. 전에도
분명히 그런 면이 있는 사람이었을 텐데 미처 발견할
여유도 없었고 봐도 인정하고 싶지 않은 부분이 있었겠죠.
이제 좀 저 자신이 납득이 되면서 제 취향을 인정하며
받아들이고 있어요. 오느른 채널에 제 모습이 기록되는
것 자체도 되게 큰 자산이라고 느껴요. 문득 옛날 영상을
다시 볼 때가 있거든요. 이때는 저런 생각을 했구나… 아,
생각해 보니 아직 부끄럽고 창피한 것도 많네요(웃음).

어떤 건가요(웃음)?

지금은 쓰라고 해도 못 쓸 것 같은 말들이 많더라고요. 왜
그랬지, 이때 많이 지쳤나(웃음). 하여간 너무 힘들었나

봐요. 서울에서 심리 상담을 1년 정도 받을 때가 있었거든요. 그 과정을 기록해 뒀으면 좋았을 걸 하는 생각도 해요. 이미 멀리 와버린 사람은 과거의 자신을 기억 못 하잖아요. 과거의 내가 무슨 생각을 했고 어떤 게 힘들었는지 기록해 두는 게 단순히 저 자신을 치유하는 일일 수도 있지만 저와 비슷한 고민을 가진 사람들과 함께 나누고 공감하면 그 일엔 묵직한 의미가 담겨요.

정말 뜻깊은 의미를 만들어왔어요. 이제 이번 호의 주제어 '산책' 이야기로 넘어가 볼까요? 김제 옥정리에서의 산책은 어떤가요?

일단 온통 논과 밭뿐이죠. 간판이 하나도 없어요. 작은 차이인데 뭘 살지 고민하며 걷지 않게 되는 것 같아요. 서울에서는 저 옷을 사 말아, 올리브영에 들어갈까 말까 하는데(웃음), 여기서는 남의 집 마당에 핀 꽃을 보고 벼가 얼마큼 자랐나 관찰하는 일뿐이에요. 되게 사소한 부분인데, 서울에서는 알게 모르게 그런 점들이 피곤하게 다가왔겠다는 생각이 들더라고요. 여기서 산책을 하며 깨달은 거죠. 그리고 생각이 단순해져요. 이곳을 다녀간 수많은 사람들이 아무 생각도 안 든다는 말에 동의하거든요. 도시에는 너무 많은 선택지가 있잖아요. 이곳에서는 논이 비어 있든, 벼가 익든 모든 풍경이 다 그대로인 느낌이에요. 작은 변화들도 그저 바라보게 하는 여유로운 태도로 이어져요.

이제 서울로 다시 가야 하는데 이런 점은 아쉬울 것 같아요.

주말에는 다시 돌아와요(웃음). 그래도 아쉬운 마음에 마을 청년들과 협동조합을 만들었어요. 도시 청년들의 고민은 주거 문제가 크잖아요. 열심히 노력하지만 원하는 집에서 살기란 너무 어렵죠. 로컬 청년들도 도시 문화권을 누리고 싶은 니즈가 있고요. 서로의 고민을 보듬어 줄 해결책을 오느른에서 찾을 수 있을까 해서 여러 콘텐츠를 모색하고 있어요. 근본적인 대안이 될 수는 없지만 천천히 멀리 보았을 때 대안점이 될 수는 있을 것 같아요.

오느른의 또 다른 역할이 생기겠네요. 오느른 채널을 통해 김제라는 지역에 생긴 변화도 있을 것 같아요.

사실 로컬 자체에 변화를 주는 건 시간이 아주 오래 걸리는 이야기예요. 종종 김제나 주변 다른 학교에 특강을 나갈 때가 있는데요. 시골 학생들은 자신이 몸담고 있는 로컬에 대한 자존감이 매우 낮은 경우가 많아요. 그런 친구들이 오느른 영상에 담긴 김제를 보고 자신이 살고 있는 마을이 아름답게 보이는 것에 대해 꽤 뿌듯함을 느끼고 있더라고요. 이런 관점에서 봤을 때 오느른이 좋은 변화를

주고 있는 건 분명하죠. 반대로 생각했을 때 김제에서 생활하면서 서울이 참 좋은 곳이라는 걸 느낄 때가 있어요. 인프라도 좋고 문화권도 가깝고요. 각자 자신이 살고 있는 곳에 권태를 느끼지만 잘 이겨내며 살아가고 있는 거예요. 저는 그러지 못해서 김제에 왔지만 서울에서도 가까운 자연을 찾아 잘 쉬어 가는 건강한 친구들의 이야기도 많거든요. 각자의 방법을 찾아 지루해진 일상과 거리를 두는 게 중요해요. 이런 부분이 '쉼'과 '취미'라는 카테고리와 이어지겠죠. 잠깐은 멀어져 봐야 다시 돌아와서 나아갈 수 있는 힘이 생겨요. 오느른에서 생활하면서 일과 자아실현을 분리하자는 생각을 많이 했어요. 어느 순간 PD로서 뭔가를 이루려고 아등바등하는 게 무슨 의미인가, 하는 생각이 들더라고요. 그냥 내가 행복하면 되는 건데, 여기서 작은 서점을 차려 살아도 저는 행복하겠다는 확신이 들었어요. 그래도 지금까지 제가 이뤄온 것들을 한 번에 놓아 버리는 것도 충동적인 선택이니 원래 가지고 있던 것들을 지키되, 자아실현을 다른 곳에서 찾아야겠다는 결론을 내렸어요.

어떤 자아실현일까요?

단순히 제 꿈이라는 걸 직업적인 관점으로만 생각했더라고요. 어릴 때 꿈이 PD였으니 막연히 PD라는 직업을 놓치지 않기 위해 살아왔어요. 그러니 근본적인 해결점을 찾지 못했던 거죠. 결국엔 '어떻게 살아가야 하는지'가 제일 중요한 점이더라고요. 요즘은 굉장히 명확해졌어요. 회사 일을 소홀히 한다는 게 아니라, 경제적인 안정을 주는 일로 확실히 구분을 하고 거기에서 할 수 있는 만큼의 최선을 다하면 되는 거예요. 그 외의 시간에는 제가 하고 싶은 일들을 하면 되고요. 쉽고 당연한 일처럼 보이지만 저에게는 최근까지도 무척 어려운 자아실현이었어요.

만약 우리에게 100퍼센트가 있다면, 그 안에서 퍼센티지를 나누어 일과 자아를 분리한다는 걸까요?

그 100퍼센트 안에 경계가 없을 것 같아요. 그리고 어쩌면 100이 아닐지도 모르죠. 사람의 잠재적인 에너지가 꼭 100이 아닐 수도 있다는 생각이 들어요. 그리고 어떻게 활용하는지가 중요하겠죠.

자아실현 중에 하나가 출판이었을까요? PD를 꿈꾸기 전에는 작가가 꿈이었다고 말한 적이 있어요. 실제로 유튜브 채널과 동명의 책을 내기도 했죠.

작가는 아주 어릴 때 꿈이에요. 엄마가 작가셨거든요. 책들이 늘 주변에 있었고, 엄마를 따라 글을 쓰는 일이 일상이었어요. 엄마와 저는 베스트 프렌드였기 때문에

학교가 끝나면 엄마 손을 잡고 매일 도서관으로 갔어요.
글을 잘 쓰면 칭찬을 받는 일이 가장 뿌듯했죠. 그런데
고등학교 1학년 때 엄마가 돌아가시면서 작가는 갑자기 못
이룰 꿈이 되어버렸어요. 당시에 모녀 작가로 활동하자는
출판사의 제의도 있었는데 엄마가 자리를 비우시자 모든
게 무산이 되어 버렸죠. 그때 상처를 많이 받고서 PD를
꿈꾸게 됐어요. 돌이켜 보면 인생의 중요한 타이밍에 늘
글이 있었던 것 같아요. 어릴 때 글과 가까웠던 경험이
도움이 많이 되더라고요. 지금도 쉴 때는 꾸준히 서점에
가서 책을 봐요. 꼭 글을 읽지 않더라도 요즘 사람들은
무슨 생각하고 지내나, 이런 고민들이 있구나, 살피면서
혼자 위안을 얻기도 해요.

**작가로서의 오느른 이야기도 궁금하네요. 오느른을
통해서 도전하는 일이 덜 두려워졌다고 말한 적이 있어요.
요즘의 크고 작은 도전들은 무엇일지 궁금해요.**
저에게 '워라밸'은 뒤늦은 이슈인 것 같아요. 워낙
워라밸을 못 지키던 사람이라 큰 도전이기도 하고요.
친한 친구가 인권 변호사인데 자신은 공익을 위해 일하는
변호사라는 인식때문에 '돈을 잘 벌고 싶다'고 말하는 게
어렵다고 하더라고요. 그런데 사실 당연한 이야기잖아요.
일을 하면서 그만큼 정당하게 돈을 버는 일이요. 인권
변호사라고 해서 꼭 검소해야 할 필요는 없으니까요. 이런
지점들이 저희 세대가 가진 전체적인 의문점일 거라고
생각해요. 도대체 어떻게 사는 게 의미 있는 삶인지, 또는
경제적으로 안정되고 싶긴 한데 그게 어느 정도여야
안정된다고 느낄지, 어느 정도 이상은 또 사치인지,
이건 되고 저건 왜 안 되는지, 기준이 모호하니까요.

저도 그렇거든요. PD로서 사회적인 지위는 놓치고
싶지 않아요. 얼마 전에 PD들과 이런 이야기를 한 적이
있어요. "우리 왜 이렇게 살고 있는 거지", "하고 싶은
걸 하면서 돈도 벌고 싶지만 쉴 때는 쉬고 싶어." 누군가
이 말을 했는데 너무 공감이 돼서 웃기더라고요. 누구나
원하는 삶이죠. 동시에 비현실적으로 느껴지기도 하고요.
비슷한 맥락에서 오느른에서 생활하며 가장 성취감을
느낀 일이, 돈을 벌지 않고도 먹을 것을 수확해서 식사를
해결한 일이었어요. 내가 돈을 벌지 않아도 쓸모가 있는
어른이구나, 시골 생활 나름의 반전이었어요. 이런 게 왜
도시에서는 이루어지기 어려울까 하는 고민들도 생겼고요.

**말 그대로 자급자족인 거죠(웃음). 어느새 서울
토박이에서 시골 동네의 일원이 되었네요.**
그렇죠. 고향의 개념이 처음 생긴 기분이에요. 서울
사람들은 서울을 고향이라고 하지 않잖아요. 목동에서
태어났다고 해서 목동이 고향이란 얘긴 잘 안 하죠. 여기서

자리를 잡고나서부터는 잠시 어딜 가더라도 오느른으로 돌아와야겠다는 다짐을 하기도 해요. 이곳이 마음의 고향처럼 느껴지는 거죠. 조금 오버스럽지만, 주변에서 우스갯소리로 공천 욕심이 있는 거 아니냐 농담도 해요(웃음). 오느른 덕분에 정체성이 좀 확장됐다고 할까요. 생각보다 더 큰 안정감을 얻고 있어요.

오느른 같은 시골 생활을 하려면 배우자가 필요하다고 말하셨는데, 조금 의외의 답이기도 했어요.

정말 필요한 존재죠. 오느른 콘텐츠를 만들어 가면서 농담처럼 말하는 게 인류의 발전사를 직접 겪고 있는 것 같다는 거예요(웃음). 마치 심시티 게임처럼 오느른 집이 생기고, 직원들이 늘어나고, 사무실을 차리고, 카페가 들어서면서 아무것도 없이 시작해서 뭔가 하나씩 늘어가는 걸 보니까 교과서에서 보던 발전사를 그대로 배우는 것 같더라고요. 배우자가 필요한 이유는, 여기선 사람 한 명이 정말 큰 노동력이에요. 도시에서 살 땐 정상가족이라고 불리는 개념이 조금 틀에 박힌 것 같고 한편으론 부정적인 인식까지 있었는데, 그런 거부감이 사라졌어요. 가족을 꾸리는 게 정말 어려운 일이기도 하고. 지금은 혼자 사는 삶, 비혼이라는 테마가 이슈지만 곧 결혼 자체가 오히려 '힙한' 개념으로 바뀔 수 있겠다는 생각이 들었어요. 결혼에 대한 롤모델도 점점 늘어나고 있고요. 결혼에 대해서는 점점 동경의 시선이 늘어나지 않을까요. 그런데 한편으로는 조금 슬픈 부분이기도 하죠. 결혼이 점점 더 어려운 일로 인식되어 가고 있다는 뜻이니까요. 저도 요즘 점점 결혼 생각을 조금씩 하고 있기도 해요.

꾸리고 싶은 가족의 모습이 있나요?

평범하고 평온한 가정이요. 이게 생각보다 어려운 일이라는 걸 알았으니까요. 평범한 엄마로 아이와 잘 지내고 남편과 적당히 잘 지내는 게 꿈이라면 꿈이죠.

벌써 마지막이 되었어요. '오늘을 사는 어른'은 어떤 존재인지 이야기하며 마무리해 볼게요.

처음엔 '오느른'이 아니라 '오늘은'이었어요. 시골 생활의 느릿느릿한 속도감을 담고 싶어서 오느른이 됐고 그러다 '오늘을 사는 어른'이라는 부제가 생긴 거죠. 그러나 보니 '어른'이라는 키워드가 빠질 수 없게 된 거예요. 어른이라는 말을 단순한 명사로만 여기다 곱씹으면 곱씹을수록 명사가 아닌 것 같다는 생각이 들었어요. 자기 자신을 어른스럽다, 어른 같다고 생각하는 사람이 많지 않잖아요. 그 대상이 타인일 때 자주 하는 이야기가 되었기도 하고요. 어떻게 보면 행복이 되게 추상적인 개념인 것처럼 어른도 정말 어른이라는 게 있나, 모호하게 느껴졌어요. 모두가 고정관념처럼 어른스러워질 필요는 없어요. 하지만 어른스러워진다는 걸 '최선의 나를 만들기 위해 나아가는 단계'로 생각한다면 모두가 어른스러워지고 싶지 않을까요. 어른이라는 건, 어떤 결과가 아니라 과정에 속하는 거죠. 저는 항상 그때그때 선택이 쌓여 저를 만든다고 생각해요. 아주 작은 선택이도 그 선택이 반복되어 나의 오늘이 만들어지는 거죠. 결국 어른스러운 자신을 위해서 오늘을 열심히 사는 게 정말로 의미 있는 게 아닐까요?

어른들의 쉬어 갈 자리

망해사
"멀리 바다가 보이는, 늪과 강 하구가 펼쳐져 운치가 느껴지는 곳이에요. 정말 조용한 절이죠."
A. 전북 김제 진봉면 심포리 1004

오느른오피스
"얼마 전에 재오픈을 했답니다. 그냥 내어드리고 있으니 망해사로 가기 전에 들러 커피 한잔 하세요(웃음)."
A. 전북 김제 죽산면 죽산리 600-56

부안 상설 시장
"오래된 전통 시장으로 지역 분위기를 그대로 느낄 수 있는 곳이에요. 지역의 문화를 가까이서 볼 수 있죠."
A. 전북 부안 부안읍 시장1길 6-11 우진수산

소우
"고마제 저수지를 끼고 있는 소바 전문 식당이에요. 창밖으로 윤슬이 뜬 강가가 보이는 경치가 아주 좋은 곳이에요."
A. 전북 부안 동진면 고마제로 143 1층

김서울 작가의 궁 산책은 서울의 궁을 좋아해야겠다는 난오한 결심에서 시작되었다. 싫어하는 것에 먼저 손을 내밀기란 쉽지 않았지만, 그동안 알고 있던 싫은 점을 외면하고, 눈을 크게 뜨고 취향을 발견하며, 미처 보지 못한 것은 잊지 않고 다시 찾아가면서 마음에 자기만의 지도를 새겼다. 천천히 시간을 들여 좋아해 내고 보니, 다른 이와 나누고 싶은 마음이 아지랑이처럼 간질간질 피어 올랐다.

조금 멀리서
안부를 묻듯이

김서울—작가

에디터 이다은
포토그래퍼 Hae Ran

한국 전통문화에 관한 글을 쓰셔서 그런지 김서울이라는 이름이 참 잘 어울려요.

김서울은 SNS에서 닉네임으로 사용하다가 필명으로 굳어졌어요. SNS에 박물관, 유물, 전통문화 전반에 관해서 쓰다 보니 주제를 포괄적으로 아우를 만한 이름이 뭐가 있을까 고민하다가 김씨가 먼저 떠올랐어요. '서울'이라는 이름도 한국을 대표하는 도시라는 점에서 같은 맥락이었고요. '서울에서 김서방 찾기'가 익명성을 대표하는 옛 구절이라고 생각해서 여러모로 마음에 들었어요. 이건 다른 얘기지만, 제가 황씨라서 살면서 한 번도 출석부 마지막을 놓친 적이 없거든요. 그래서 김씨가 부럽기도 했어요.

《아주 사적인 궁궐 산책》 저자 소개에 "대학에서 전통회화를 전공하고 문화재 지류 보존처리 일을 하다 현재는 대학원에서 박물관과 유물에 관해 공부하고 있다."고 되어 있어요. 한 방향으로 걸어 왔는데, 어릴 때부터 전통문화에 관심이 많았나요?

아뇨. 고등학교 때까지 클라리넷을 전공했어요. 매일 연습하고 콩쿠르 나가는 것도 힘들었지만 제가 주목받는 것에 대한 공포가 정말 크거든요. 그래서 고민하다 열아홉 살 때 그만 뒀어요. 미술 입시를 너무 해보고 싶어서 알아보다가 한 예술대학 사진과에서 사진 비평 글쓰기 시험을 통과하면 입학이 가능하다는 공고를 봤어요. 해볼 만할 것 같아서 도전했고 합격했죠. 정말 우연히 실기가 아닌 글쓰기 시험으로 뽑힌 학번이었어요. 막상 입학하니 학교가 정말 종잡을 수 없는 친구들로 가득해서 저와는 어울리는 곳이 아니라고 생각했지만요.

고3때 클라리넷을 그만둔 것도 놀라운데 사진과라니⋯. 그래서 어떻게 하셨어요?

음⋯ 그만 뒀죠(웃음). 그 다음에는 전통회화를 공부하고 싶어서 알아봤어요. 가고 싶은 학교에서 보는 본고사와 기본적인 실기 시험을 치렀고, 그림은 입학하고 나서부터 본격적으로 그렸죠. 지류 보존처리 일은 학부 포함해서 5년 정도 했는데, 업계에서 이 정도 경력이면 명함도 못 내밀어요. 지금은 대학원에서 문화정책연구를 전공해요. 한국에 박물관학이 따로 없는데, 학과 교수님이 박물관을 연구하시는 분이어서 선택했어요. 학부도 대학원도 여기저기 다녀서 제가 다닌 학교 간판만 다섯 개쯤 되네요(웃음).

다방면에 관심이 많았네요.

근성이 없어서요(웃음). 요즘 MZ세대가 사회생활 할 때 이렇다 저렇다 많이 이야기하잖아요. 제가 딱 그

전형이에요. 학교도 직장도 다니다가 '아⋯ 아닌 것 같은데.' 하면 그만두고 아예 다른 일을 찾아요. 회사에 출근하면 구성원과 업무에서 느껴지는 분위기가 있잖아요. 기본적인 사회생활이야 괜찮지만, 업무에서 타인과의 인간관계까지 생각해야 하는 부분이 너무 크게 보이거나 요구된다면 더 이상 일하기가 어렵더라고요. 어릴 때부터 대인을 안 좋아했던 것 같아요. 게임도 혼자 하는 퍼즐이나 스도쿠 같은 걸 즐기고요. 보존과학 회사를 그만두고 악기점에서 일한 적이 있는데 기타 수리하는 일이 훨씬 좋았어요. 좀 어영부영 살고 있어요(웃음). 120세 시대라고 하니까 직업에 더 미련을 안 갖게 되는 것 같아요. 뭘 해도 어차피 바뀌게 될 텐데 그럼 그냥 지금 바꾸자, 싶은 거죠.

지나온 일에 대한 미련만큼 새로운 일에 대한 두려움도 없어 보여요.

그런 편이에요. 클라리넷을 그만둘 수 있었던 건 오히려 입시를 눈앞에 두고 있었기 때문이에요. 여기서 한 발짝 더 가면 나오기 힘들겠다 싶을 때 빠진 거죠. 이혼보다 파혼이 낫다고 하잖아요(웃음). 사실 글쓰기도 2016년에 처음 《유물즈》를 내고 끝내려고 했어요. 별다른 노력을 들이지 않은 결과물이었고 스스로 재능이 있다고도 생각하지 않았거든요. 앞으로 뭘 해야 할지도 모르겠어서 접으려던 때에 계속 일이 들어왔어요. '이번 마감만, 이번 마감만' 하다 보니 6년이 됐죠. 이왕 이렇게 된 거 10년만 채워보고 싶어요. 지금도 적성에 안 맞다고 생각하는 건 변함없는데 편집자분들이 멱살 잡고 끌고 가 주시는 거예요. 새로운 일에 쉽게 도전하는 건 뭔가 하려는 의지를 언제나 마음에 품고 있어서 가능한 것 같아요. 그 마음이 있으니 뭘 하든 못 견디겠다 싶으면 바로 돌아설 수 있어요.

지금은 우리 전통문화 전반에 애정이 큰 것 같은데, 어떻게 이렇게 깊게 빠지게 됐어요?

저는 어릴 때부터 고향이 없었어요. 태어난 곳도 있고 오랫동안 자란 곳도 있지만 한 번도 그 지역을 고향이라고 생각한 적이 없어요. 마음이 안정되는 곳이 없는 거죠. 방학 때는 음악 전공 때문에 합숙하느라 집을 자주 떠나 있다 보니 더 정붙이기가 어려웠던 것 같아요. 예전에 백문백답 많이 했잖아요. '당신의 고향은?'이라는 질문에 당연히 지역명을 얘기하는 사람들이 부러웠어요. 그 애틋한 감정이 궁금했고요. 저는 '내가 왜 한국인이지?'라는 고민도 정말 오래 했거든요. 밖으로 나가야 해결이 될 줄 알고 유럽 여행을 오래 하거나 외국인 친구들이랑만 교류한 적도 있는데, 질문에 대한 답을 못 구했어요. 하지만 결국 받아들일 수밖에 없는 현실이고,

태어난 국가와 문화를 이해하면 좀 나아지지 않을까 싶었어요. 내가 한국 사람인 이유, 여기서 사는 이유, 나한테서 떨쳐낼 수 없는 한국적인 면들을 파헤쳐보고 싶었어요. 사실 평소에도 스스로 너무 한국인임을 느낄 때가 많아요. 문이 보이면 무조건 밀고, 공항에 내리면 아이스 아메리카노를 향해 돌진하는 제 모습을 볼 때 그렇죠(웃음).

풀리지 않는 질문에 대한 답을 찾다가 애정이 생긴 거군요.
맞아요. 뭔가에 쉽게 정을 못 붙이는 편인데, 박물관은 학교 다닐 때 매일 가다시피 하니까 싫어할 겨를 없이 일상에 녹아들었고, 좋아하게 됐어요. 생각보다 재미있었고요. 물론 제 문제를 풀러 간 것도 있어요. 내가 쓰는 물건들은 왜 다른 나라 것보다 못생기게 느껴지는지, 이 물건의 뿌리가 어떻게 생겼는지 알아보려고요. 실제로 알고 나면 납득이 됐거든요. 예를 들어 냄비 중에 각지지 않고 둥글게 떨어지는 것들이 있잖아요. 저는 예쁘다고 느끼지 않았는데 알고 보니 고려시대에 쓰던 냄비였다든가, 조선시대에 쓰이던 물건들과 제가 보던 물건들을 연결점으로 이을 수 있을 때 더 이상 싫은 마음이 들지 않았어요. '아, 그래서 그랬구나. 나는 이런 뿌리와 흐름 속에서 태어난 사람이라 이런 걸 봐온 거구나.' 이해가 된 거죠.

한국 사람이라는 게 왜 그렇게 싫었어요?
박물관과 전통문화를 공부해 온 사람으로 이제 와서 정리를 해보자면, 저희 세대는 아직 한국의 복합적인 근현대사의 영향 속에 있는 세대라고 생각해요. 저희 엄마만 해도 베이징에서 지내다가 인천으로 넘어와 차이나타운 근처에서 자란 분이고, 저희 이모들은 베이징에서 태어났어요. 그런 얘기를 들으면서 내가 이곳이 아니라 다른 곳에서 태어났을 수도 있었겠다는 생각이 자연스럽게 들었나 봐요. 어릴 때는 학교에서 가족에 관해 이야기 나누는 시간들이 있잖아요. 저는 부모님에게 전해 들은 이야기를 했을 뿐인데 되게 이질적으로 받아들이는 친구들이 있었거든요. 악의 없이 나오는 반응이겠지만 그런 질문을 자꾸 들으면서 의문이 생겼어요. 내가 이상한 아이가 된 것 같은 기분을 느끼게 되면서 사춘기가 시작된 것 같아요.

이제 조금 이해가 가요. 싫어하는 것에 정붙이기까지 시간이 걸린다고 했잖아요. 그런데 이번 책 쓰기 전까지 '조선, 왕실, 궁궐'을 좋아하지 않았다고요. 마음을 여는 데 노력이 꽤 필요했을 것 같아요.

먼저 정보를 다 없애고 대상을 보려고 했어요. 엄격한 규칙이 있는 건 아니지만, '여기는 왕이 살던 장소니까 네가 알아서 정숙해야 한다.'는, 보이지 않는 답답한 분위기에서 벗어나고 싶었어요. 유물도 마찬가지인 게, 유물에는 나이가 없잖아요. 옛날 사람이 사용하던 물건이 저보다 위에 있는 건 아니라고 생각하는데, 단순히 모양에 대한 호불호도 쉽게 뱉지 못하는 분위기가 이해가 안 됐어요. 전 아직까지 국기에 대한 경례를 해본 적이 없어요. 국기에 왜 충성을 맹세해야 하는지도 몰랐고, 모두가 국기를 보고 똑같은 행동을 하는 게 이상해 보였거든요. 전체주의에 공포를 느끼는 것 같아요. 어렸을 땐 선생님이 시키는데도 안 해서 많이 혼났죠.

어린아이가 시키는 걸 안 하기가 쉽지 않았을 것 같은데요.
엄마·아빠의 영향도 컸던 것 같아요. 학교에서 있었던 일을 이야기하면 그럴 수 있다면서 수긍해 주셨어요. 집안 환경이 그래서 의문이 더 커졌나 봐요. 어릴 때부터 고분고분 말 잘 들었으면 한국인인 것도 의심 없이 받아들였을 텐데(웃음)…. 궁궐이 싫었던 이유도 그런 정보 때문이었어요. 그런데 엄숙한 분위기는 사실 보이지 않는 허상일 뿐이잖아요. 허상을 걷어내고 산책 장소로 보려고 노력했어요. 제 편견 때문에 그 좋은 곳을 못 가는 것도 손해라고 생각했고, 조선 왕실 주제를 계속 피하기만 하니까 박물관 유물을 쭉 둘러보면서 이야기할 때마다 중간에 뚝 끊기더라고요. 이 문제를 내가 한 번은 넘어야겠다, 정붙이려면 일단 걷고 보자, 걷고 나서 보면 더 이해가 되지지, 해서 무작정 걷기 시작했어요. 그렇게 장소에 대한 애정을 만들고, 이 궁은 나무랑 풍경이 좋다, 저 궁은 동선이 매력적이다, 하면서 그 안의 요소에도 마음을 주었죠. 제가 돌을 좋아해요. 이상한 취향이라는 말도 많이 들었지만 돌의 질감과 쓰임이 좋아요. 담장의 돌 색깔, 바닥의 돌이 우둘투둘하게 밟히는 느낌, 비가 왔을 때 달라지는 질감들을 살펴보는 것도 즐거웠어요. 예전엔 제 발로 궁을 찾은 적이 없지만 이제는 안부 묻듯이 거닐어요.

책을 위한 궁 산책 계획도 세웠을 것 같아요.
사계절을 봐야겠다는 생각으로 1년의 기간을 잡았어요. 그래야 좋아하는 것에 대해 잘 이야기할 수 있다고 생각했거든요. 아쉽게도 모든 궁의 사계절을 보지는 못했지만, 봄은 주로 경복궁에서, 겨울은 창덕궁에서 많은 시간을 보냈죠. 저는 극단적인 날씨를 좋아해요. 오늘 같이 애매하게 더운 날보다 오히려 37도에 푹푹 찌고 습기 가득한 날이 더 좋아요. 그런 날엔 궁에 사람도 없고 모든

소리가 습기를 머금어 먹먹하게 들려요. 나뭇잎도 약간 시커먼 색을 띠고요. 사람이 너무 힘들면 멍해지잖아요. 강제로 명상이 되는 순간이 왔을 때 다르게 보이는 풍경들이 있더라고요. 너무 더울 때 보는 마당, 너무 추울 때 보는 숲은 평소와 많이 달라요. 가끔 계획없이 가서 거닐기도 했어요. 궁 근처에 약속이나 미팅이 있으면 남는 시간을 이용해서 짧게는 15분, 30분씩 발길 닿는 방향으로 걸어요. 어떤 날은 유난히 발이 안 갔던 구역을 표시해 두었다가 그쪽만 돌기도 하고요.

사람도 자주 만나면 친해지듯이 궁도 마찬가지네요. 궁 산책의 매력을 말해 주세요.

일단 빌딩이 없어요. 도시와 단절된 느낌이어서 좋긴 한데 자기가 서 있는 곳을 제대로 모르면 길을 잃을 수도 있어서 조심해야 해요. 서울 안에서 길을 잃는 경험을 할 수 있다는 것도 매력이라면 매력이겠네요. 저도 한 번 길을 잃은 적이 있어요. 궁과 그다지 친하지 않을 때 창덕궁을 걷고 있었는데 비가 조금 오더라고요. 담장 때문에 시야가 완전 가려져서 방향감각을 잃고 계속 빙빙 돌았어요. 사람은 없고 까치랑 고양이만 지나다니고, 점점 깊이 들어가는 것만 같고⋯ 아마 위에서 봤으면 가관이었을 거예요. 혼자 비 맞으면서 빙빙 도니까(웃음). 다행히 제가 알고 있는 향나무 끄트머리가 보여서 길을 찾았죠.

평소에도 길을 자주 잃는 저로서는 오싹한 매력이네요(웃음). 창덕궁에 특별히 좋아하는 것들이 있어요?

입구 들어가자마자 오른쪽에 작은 돌다리가 보여요. 돌다리 난간에 네 개의 석수가 올라와 있는데 우선 그 친구들을 귀여워하고요. 5월 말에 선원전 뒤 화단에 모란이 만개해요. 그게 피었는지 궁금하고⋯ 여름 되면 저쪽 중간 건물 앞에 있는 앵두나무에 앵두가 새빨갛게 열리는데, 한여름 쨍한 햇빛에 비추는 빨간색과 주변 건물의 대비가 확실하고 생동감이 있어서 예뻐요. 저 뒤에 아무것도 없는 공터에 깔린 잔디밭도 좋아해요. 정말 조용해서 잔디 밟는 소리가 다 들릴 정도예요. 이것도 궁궐에서만 느낄 수 있는 특권이겠네요.

혼자 걷는 걸 선호하나 봐요.

네. 누구랑 같이 오면 제가 뭘 봤는지 하나도 기억이 안 나요. 옆 사람이 어떤 풍경을 보고 있는지 궁금해서 계속 질문하거든요. 내가 좋아하는 부분을 좋아하는지도 묻고요. 그러고 나면 그날은 기억이 안 나더라고요. 물론 그 시간도 뜻깊지만 온전히 제 시간이라는 생각은 안 들어요.

오늘처럼 뙤약볕 아래서 궁을 즐기는 팁이 있을까요?

글쎄요⋯. 이런 날엔 보통 모자를 쓰긴 하지만, 워낙 그늘이 없어서 달리 햇빛을 피할 방법은 없고 그대로 받아들이려고 하는 편이에요. 비가 오는 날에는 처마 밑에서 떨어지는 빗방울을 구경하기도 하고요. 그 시대 사람들이 어떻게 지냈는지 그런 식으로라도 경험해 보려고 해요. 궁의 여자들이 지내던 공간인 내전 주변에 물길이 쭉 둘러져 있거든요. 괴석도 놓여 있고요. 여기 들어온 여자들은 죽거나 폐위되지 않는 이상 평생 밖에 못 나갔기 때문에 그런 돌이라도 놓고 나무라도 심으면서 바깥 풍경을 끌어오고 싶어 했던 것 같아요. 예부터 산을 좋아하던 민족이고, 이 나라에서 제일 높은 사람들인데 한정된 공간에서만 살았다는 게 안타까워요. 물길에 떠 있는 연꽃이 얼마나 위로가 됐을까 싶어요.

지금은 궁녀들 대신 남녀노소 모두가 궁을 즐기고 있네요.

맞아요. 박물관에서는 대상을 보고 밝은 표정을 짓거나 표현을 하는 사람들이 많지 않고 대부분 정적으로 관람하는 편인데, 궁궐에서는 이 대상을 진심으로 대하는 사람들을 가까이서 보고, 여러 번 온 것 같은 말소리를 가깝게 들을 수 있어서 좋아요. 순수하게 좋아서 웃는 얼굴들을 봤을 때 안도감을 느껴요. 가끔 혼자 적당한 데 앉아서 그런 분들을 구경해요. 표정, 발걸음, 속도, 움직이는 동선을 보는 게 재미있어요.

어찌 보면 그것도 작가님의 궁 산책 루틴이네요. 창경궁에서 본 고양이들이 조선시대부터 살던 고양이의 후손이 아닐까 생각하셨다는 이야기도 재미있었어요.

제가 워낙 동물을 좋아해서 처음 그 고양이를 봤을 때 인상이 남아 있거든요. 창경궁 대온실 안에 식물이 쭉 놓여 있는데 아래쪽 배수관에서 야옹 소리가 들려서 봤더니 고양이가 있는 거예요. 궁궐에 강아지는 못 데리고 가잖아요. 고양이가 그렇게 내부에서 자유롭게 돌아다닐 거라는 생각을 못 해서 너무 뜻밖이었어요. 심지어 되게 많아요. 한두 해도 아니고 7-8년 정도를 봤으니 이쪽에 생태계가 생긴 지 꽤 오래됐을 거예요. 신기하게 창경궁 호수 쪽이랑 창덕궁 후원 문 앞에만 있어요. 그러니까 그냥 생각하게 되는 거죠. 공주가 고양이를 키웠다는 얘기가 있었는데, 그때 본 애들이 그 고양이의 후손일 수도 있겠구나, 하고요.

작가님의 '아주 사적인 산책 스타일'이 궁금해요.

변화를 좋아하는 편이 아니라 웬만하면 가는 곳만 가고 시간도 정해 둬요. 요즘 제 산책 패턴은 강아지 '도리'에게 맞춰져 있어요. 하루 세 번 나가는데요. 10시에서 11시 사이, 아니면 11시에서 12시 사이에 한 시간 좀 넘게 하고, 5시에서 6시 사이에 40분 정도 걸어요. 밤 12시에 마지막 짧은 산책을 하면 총 두 시간 정도 되겠네요. 동네 바로 옆에 산이 있어서 더워지기 전에는 매일 등산했어요.

산책 메이트 도리는 어떤 친구인가요?
작년 8월에 보호소에서 데리고 왔고, 그때 세 살 추정이었으니까 서너 살쯤 됐어요. 여자애인데 중성화했고요. 너무 TMI인가(웃음)? 소극적이고 겁이 많아서 가던 길 이외에는 갈피를 못 잡아요. 정해진 길 안에서 평소에 잘 못 가던 구역의 냄새를 조금씩 맡게 해주면서 산책을 시키죠. 사람은 좋아하는데 개만 보면 짖고, 사람들이 생각하는 '개다움'은 없는 개인데, 계획된 시간과 공간을 좋아하는 게 저를 닮은 것 같아요.

도리 없이 걸을 때는 어때요? 언제 산책이 필요한가요?
일하다 안 풀릴 때죠. 저는 생각이 너무 많아서 시작을 못 하는 편이에요. 글쓰기가 엄청난 창작력이 필요할 것 같지만 사실 그냥 쓰기 시작하면 되는 경우가 많잖아요. 육체노동에 가깝다고 생각해요. 글의 주제는 늘 미리 생각해 두기 때문에 얼른 초안을 쓰고 나중에 살을 붙여가면 되는데 초안 잡기까지가 어려워요. 그럴 땐 그냥 속 시원하게 한 시간 정도 걸어요. 지쳐 돌아와 샤워 싹 하고 집중하는 게 제일 효과적이에요. 걸으면 생각이 없어져서 좋아요.

걸으면서 생각을 정리한다는 분들도 있던데, 비워내는 편이군요.
비워낸다기보다 밖에 나가서 신경 쓸 게 많아서 그래요. 주변 풍경을 잘 관찰하거든요. 요새는 풀이 자라는 속도가 너무 빠르니까 '풀이 벌써 저만큼 컸네.' 생각하고, 정오에는 햇빛이 떨어지는 각도를 보며 '정오에는 정말 햇빛이 이렇게 떨어지네.' 해요. 냄새도 잘 맡고 소리도 잘 들어요. 그래서 일 생각할 틈이 없죠. 순간순간의 감각은 깨어나고 생각이 없어져요.

감각을 깨우는 산책의 삼요소를 꼽아보자면 뭐가 있을까요?
삼요소라…. 날씨랑 신발이랑 체력이요. 장소는 사실 어디든 될 수 있어요. 궁궐이든 산이든 또 다른 곳이든 걸을 만한 길을 발견하면 걸으러 가보거든요. 그런데 제가 발 살이 무른 편이라 잘 까져서 신발에 예민해요. 발에 잘 맞는 신발이면 몇 년이고 닳을 때까지 신는 걸 생각하면 신발이 꽤 중요한 것 같고요, 날씨에 따라 볼

수 있는 범위가 많이 달라지니 날씨도 중요한 요소예요. 아까도 말씀드렸지만 극단적인 날씨를 정말 좋아해요. 지나고 봤을 때 힘들다는 느낌보다는 강렬한 기억이 더 많이 남아서 다시 가고 싶다는 생각이 들어요. 체력을 꼽은 이유는, 제가 어느 정도의 체력이 필요한 산책을 선호하기도 하지만, 힘없는 상태에서 걷는 건 왠지 생존을 위한 느낌이라 별로예요. 그래서 저는 꼭 돌아갈 체력까지 안배해서 걸어요. 계획한 시간을 다 쓰지 못해도 유난히 피곤하다 싶으면 중간에 돌아가요. 다음에 다시 나오면 되니까요.

하늘이 새파랗고 해가 쨍한 날에 창덕궁을 거닐었다. "이게 그 괴석인가요?" 하나 물으면 열 가지 흥미로운 이야기를 들려주는 귀한 가이드와 함께. 앞으로 종종 궁에 갈 때마다 그날의 작고 사소한 이야기들이 떠오를 것 같다.

Interview Collections

지극히 자연스러운

웃는 게 자연스러운 사람에게선 둥근 빛이 난다. 그 빛을 마주보는 순간 사랑을 하고 싶었다.
그 사랑은 내 안을 향했고, 다시 바깥으로 나와 발아래로 뻗어나갔다. 예슬 씨가 말한 것처럼.

지금 나는 그렇구나

최예슬—곰곰요가

에디터 이주연
포토그래퍼 김혜정

이거 차인가요? 굉장히 맑네요.
'백차'라고 해요. 차나무는 사실 하나예요. 얼마나
덖었느냐에 따라 차 이름이 달라지곤 하죠. 백차는
그중에서도 만드는 과정이 가장 단순한 차이고, 가장
순수한 상태예요. 어제 먹고 남은 찻잎을 우린 건데, 입에
맞으실지 모르겠어요. 여름엔 얘가 열을 좀 내려주거든요.
아침이나 점심에 이렇게 차게 한 잔 마시면 참 좋더라고요.

이 차, 예슬 씨 이미지랑도 굉장히 닮았어요.
'곰곰요가'라는 이름을 쓰고 있죠. '곰곰이' 할 때
그 곰곰인가요?
그것도 맞는데, 곰Gom이 티베트어로 '명상하다'는
뜻이거든요. 명상을 통해 익숙한 나를 들여다보는 요가
수련이길 바라서 곰곰요가라 이름 붙였어요. 근데 가만
보니까 제가 '곰곰이'라는 부사를 정말 많이 쓰는 거예요.

맞아요, 책에도 많이 나오더라고요.
그래서 겸사겸사 곰곰요가로 지은 건데, 사람들은 제가
곰돌이처럼 생겨서 곰곰요가인 줄 알더라고요(웃음).
유난히 곰돌이 모양 선물도 많이 받고요.

동글동글한 느낌이 정말 그러네요(웃음). "몸, 마음, 글을
읽고 씁니다. 다정한 마음으로 성실하게."라는 문장으로
소개하시더라고요. 잘 읽고 쓰기 위해서는 우선 잘 아는
상태가 되어야 한다고 생각해요.
예전에는 읽고 쓰는 건 잘하는 사람만 할 수 있다고
생각했어요. 전 항상 제가 부족하다고 생각하거든요.
근데 요즘엔 잘 아는 사람이 읽고 쓸 수 있는 게 아니라,
모르기 때문에 더 많이 읽고 쓰기를 반복하면서 잘할 수
있게 되는 것 같단 생각이 많이 들어요. 뭐든 아직 초심일
때 마음이 더 멀리 가잖아요. 돌아보면 과거에도 저는
충분히 괜찮았는데 왜 그렇게 매일 부족하다고 생각한지
모르겠어요. 먼 훗날에도 지금을 돌아보면서 '괜찮았다.'고
생각하고 있겠죠? 지금 당장 제가 원하는 모습에 닿지
않아도 괜찮을 거예요. 매 순간 여기가 도착지이기도 하고
출발점이기도 할 테니까요.

지금 지향하는 모습은 어떤 거예요?
계속 수련하고, 읽고 쓰는 할머니가 되고 싶어요. 무엇보다
언제나 잘 듣는 사람이고 싶어요.

타인의 이야기를요?
그도 그렇고, 제 안의 이야기도요. 잘 들어야 잘 말할 수
있으니까, 귀가 열려 있는 채로 살고 싶어요.

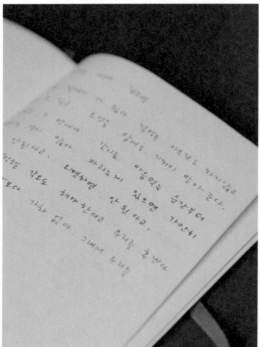

《유연하게 흔들리는 중입니다》에 "스스로의 가장 좋은 친구가 되어주길 바랍니다."라고 쓰셨어요. 그게 내 이야기에 귀 기울이는 일이 아닐까 싶은데, 바쁠 땐 내면의 속삭임을 놓치기도 하잖아요.

그래서 자신의 비상약이 무엇인지 아는 게 중요하다고 생각해요. 내 이야기에 귀 기울일 여유도 없다는 건 조금은 아픈 상태잖아요. 저한테 비상약은 요가 수련이랑 책 읽는 거예요. 그 두 가지 하다 보면 자연스럽게 조금은 나아지더라고요. 가장 좋은 상태로 한 번에 이동할 순 없지만, 몸을 움직일 수 없을 때 걸을 수 있는 상태까지는 올려주는 것 같아요.

그래서 요가 수업에서 낭독을 하는 거군요.

요가와 낭독을 병행한 게 벌써 10년째네요. 요가 동작을 통해 하고 싶은 말이 생길 때마다 책의 도움을 받았어요. 제 언어보다 훨씬 아름답고 정돈된 문장이 책 안에 있으니까요. 책과 요가는 제가 주저앉았을 때마다 저를 일으켜 세워줬어요. 이 둘을 함께 할 수 있다면 저는 아주 튼튼하고 용감한 사람이 될 것 같았죠. 실제로 요가 메시지를 담아 낭독할 때마다 씩씩해지는 기분이고요.

책이 아니라 노트를 읽는 걸 보고 필사를 하시는구나 싶었어요.

내용이 너무 길거나 왔다 갔다 하면서 읽어야 할 땐 책을 들고 갈 때도 있는데, 웬만하면 필사하려고 해요. 제 글씨로 된 글귀를 읽으면 좀더 제 언어로 다가가기 편해지는 것 같아서요. 같은 글자여도 누가 쓰느냐, 어떻게 적혀 있느냐에 따라 다르게 와닿잖아요. 저는 언제나 제 언어에 귀 기울이고 싶어요. 제 톤으로 말하고 싶고요. 그래서 글씨는 예쁘지 않지만(웃음) 필사하는 걸 좋아해요.

처음 요가 했을 때 기억나세요?

아(두 손을 맞잡고), 무척이나 기억나요. 얼굴이 새빨개진 채로 창피했던 시간…. 스무 살 때 언니를 따라 요가원에 갔는데 다들 너무너무 잘하는 거예요. 한 발로 서서 균형도 잘 잡고 안정적인데, 저만 계속 깽깽이 자세로 흔들리는 거예요. 혼자서만 못하는 게 너무 창피해서 도망가고 싶었어요. 제가 너무 초라해 보였죠. 그렇게 한 시간을 겨우 수련하고 마지막엔 팔다리 쭉 펴고 누워서 사바아사나를 했는데요.

사바아사나가 뭐예요?

휴식 자세예요. '송장'이라는 뜻인데, 송장처럼 누워서 쉬는 거죠. 모든 요가의 마지막은 사바아사나인데, 저의 기나긴 한 시간이 스쳐 지나가더라고요. 그때 제가 요가

하는 동안 옆 사람들만 보았다는 걸 깨달았어요. 그렇게
한 시간을 보낸 제가 너무 안쓰럽더라고요. 이게 무슨
감정일까, 계속 생각해 봤는데요. 그 당시 막 성인이 된
때여서 제 삶을 두 손에 가지고 있다는 사실이 막막하고
무서웠던 것 같아요. 제 두 손에 있는 이 삶을 좋은 데로
가져다 두어야 하는데 그게 겁이 난 거죠. 요가 수련하는
내내 그 마음이 그대로 드러나서, 제 것을 잘 가져가려고
하는 게 아니라 계속 옆 사람의 걸 신경 쓴 것 같았어요.
집에 돌아와선 펑펑 울었어요. 그러고 나서 저한테
처음으로 질문해 봤죠. "왜 울었어?" 요가가 뭐길래
제가 이렇게까지 내면을 돌아보고 감정을 쏟아내는지
궁금해지더라고요. 한 번, 두 번, 가다 보니 어느덧
여기까지 왔어요.

**몸을 쓰는 건 정신건강에도 도움이 되는 것 같아요. 이제
삶이자 업이 된 요가 말고 또 어떤 운동 즐기고 있어요?**
몸을 움직이면서 걱정을 해소하는 편이라 이것저것
많이 해요. 달리기도 좋아하고, 춤추는 것도 좋아하죠.
스윙 댄스는 2008년부터 해왔고, 얼마 전엔 훌라 춤도
시작했어요.

엇, 저 훌라 춤에 관심 있어요!
소개해 드릴까요(웃음)? 신청하고 연습실에 다 같이
모여서 훌라 파우Pa'u를 입고 동작을 배워요. 훌라 출
때 입는 치마가 훌라 파우인데요. 꼭 파우가 아니라
화려하고 예쁜 치마를 입으면 되는데, 보통은 그런 옷이
잘 없으니까 파우를 빌려서 입고 해요. 저는 벌써 두 개나
샀답니다(웃음). 선생님이 한 달에 한 곡은 출 수 있게
가르쳐 주셔서 재미있게 배우고 있어요. 훌라 춤엔 잘 추고
못 추고가 없어요. 선생님이 말씀하셨죠. "훌라는 내 안의
바다를 끌어내는 춤이다."

…너무 좋네요. 그게 어떤 의미예요?
모두에겐 각자의 바다가 있기에 자기만의 훌라 춤이
있어요. 못생긴 바다는 없는 것처럼 못생긴 춤도 없죠.
어느 날엔 잔잔하고 고요한 바다를 불러내기도 하고,
어느 날엔 파도를 표현하고, 어느 날엔 어둠이 내린 바다와
만나는 거예요. 단어를 몸으로 표현하는 춤이어서 손짓이
아주 섬세해요. 꽃을 표현할 땐 이렇게 손가락을 모아
꽃봉오리를 표현하죠.

**이번엔 조금 옛날 얘기를 해볼게요. 어느 인터뷰에서
"목표가 뚜렷하고 더 높은 곳을 올려다보던" 때가
있었다고 했어요. "돈이 생기면 가장 먼저 사고 싶은 게
명품 가방"이던 시절이었고, "전공한 교육학 분야에서**

더 높은 지위까지 올라가 보고 싶었"고, "작가를 꿈꾸던
동안에는 등단도 해보고 싶"던 시절이라고요.
실제로 첫 월급을 받자마자 루이비통에서 가방을 샀어요.
돌이켜보면 진짜 그 물건을 원한 게 아니라 명품을 들면
내가 좀 나아 보이지 않을까 싶던 마음이었어요. 전
항상 제가 부족하다 생각했고 명품 가방이 이를 채워줄
거라 여겼거든요. 그러다 요가를 수련하면서 진짜 저를
마주하는 시간을 가졌는데요. 돌아보니 알겠더라고요.
이건 진짜 제가 원하는 게 아니라는 걸요. 한 편의 글이
있다고 생각해 볼게요. 들여쓰기와 띄어쓰기를 하고,
쉼표와 마침표도 찍으면서 글을 정돈해 나가잖아요.
만일 그런 게 없다면 글자만 빼곡하게 적혀 잘 안
읽히겠죠. 이전의 제 인생이 아주 빼곡한 글이었다면
요가는 띄어쓰기와 문장 부호를 제대로 만들어 주는
일이었어요. 명품에 대한 욕심이 저를 증명하고 싶은
마음이었다는 걸 깨닫고 나니까 아무것도 걸치지 않은
채로도 빛나는 존재가 되고 싶더라고요. 20대 내내 불타게
뭔가를 소비하고 난 다음에야 생긴 마음이었어요. '그냥
나 자체로는 빛날 수 없나? 증명하지 않아도 내 존재는
괜찮은 게 아닐까?'

지금은 얼마나 빛나고 있다고 생각해요?
내부에서 빛을 발견하고 스스로 꺼내는 일이니까… 충분히
빛나고 있다고 생각해요.

도대체 자연은 어떻게 우리 기분을 환기하고 새로운 마음을 먹게 하는 걸까요?

자연이니까요, 우리보다 먼저 태어났으니까요. 훨씬 오래 존재했으니 우리보다 지혜롭겠죠. 그러니까 우리한테 가르쳐 줄 수밖에 없는 거예요.

SNS에서 비 그친 뒤 풍경을 업로드하면서 "노력 너머에 세계를 움직이는 힘이 있다."는 말을 쓰셨어요. 시련 다음에 찾아오는 환희이기도 하고, 이 역시 자연의 힘이기도 하죠.

그 기분을 처음 느낀 건 우유니 사막에서였어요. 도착하기 전까지 비가 무척 많이 왔는데 제가 도착한 날 너무 아름다운 반영이 저를 둘러싸고 있는 거예요. 눈물이 차오르더라고요. '내가 지금, 이 계절에, 마침 여기 도착해서 이 광경을 보는구나….' 그때 바깥을 보는 안경이 바뀐 것 같아요. 이전엔 무조건 내가 잘해야 한다고 생각했는데, 제가 열심히 해도 결정할 수 없는 게 있다는 걸 깨달은 거죠. 그때 느낀 건 무력감이 아니었어요. 나 혼자 나를 만든 게 아니라 계절이, 세상이, 사람들이 나를 만들어 주었다는 걸 알게 된 거죠. 그 후로도 계속 생각하는 것 같아요. 자연스럽게 오가는 모든 게 저를 구성했다고, 이 중 무엇 하나라도 틀어진다면 저는 여기 없을 거라고.

지금을 자연스럽게 받아들이게 된 거네요. 그럼 잘해야 한다는 마음이 사라졌어요?

아뇨. 결코 없어지진 않아요. 다만, 그 마음과 잘 동행하는 힘이 생겼어요. 잘하려고 해도 때때로 무너지기도 한다고 저한테 말해 줄 수 있게 되었고, 제가 아무리 노력해도 때가 아니면 안 될 수도 있단 걸 알게 됐어요. 동시에 때가 되면 떠나는 것들이 있다는 것도 인정하게 됐어요. 제가 가지 말라고 붙잡고 있으면 저조차도 걸음을 뗄 수가 없더라고요.

때가 되면 떠나는 것들이 있다는 건… 인간관계만 생각해도 가슴 아픈 일이에요.

나는 다른 사람을 어떻게 할 수 없어요. 그렇다는 걸 깨달아야 해요. '저 사람은 내가 아니고 나는 저 사람을 완전히 이해할 수 없어. 나는 나도 제대로 이해 못 하는데 어떻게 저 사람을 100퍼센트 이해할 수 있을까.' 저는 이런 생각을 가지고 난 이후로 인간관계가 많이 달라졌어요. 이별하는 일도 줄었고요. 제가 이해할 수 있는 만큼만 이해하고, 모르는 건 물어봐야겠단 마음이 생겼죠.

이번 호 주제어가 '산책'인데, 예슬 씨 SNS에서 자연 사진을 많이 보았어요. 산책 자주 하세요?

모든 계절의 산책과 모든 시간대의 산책을, 어디에서 하든 다 좋아해요. 제가 어떤 산책이든 좋아한다는 건 여행을 가고서야 알았어요. 코스타리카 바닷가 근처에 한 달 넘게 머문 적이 있는데, 곧 도심으로 떠난다고 했더니 현지 친구가 그러더라고요. "거긴 매일 다른 바다가 없잖아. 여기 좀더 있어." 그때 저도 마음으로 '맞아, 거기엔 매일 변하는 바다가 없지.' 하고 아쉬워했거든요. 근데 이미 정해진 일정이라 어쩔 수 없이 도심으로 갔는데요. 거기엔 매일 변하는 바다는 없지만 매일 변하는 바다 같은 존재들이 있더라고요. 도시의 불빛, 거니는 사람, 매일 문을 여닫는 상점…. 그때 알게 됐어요. 나는 어디에서건 풍경을 보며 걷는 걸 좋아할 수 있는 사람이란 걸.

산책하다 보면 나만의 코스가 정해지는 것 같아요. 재미있는 건 매일 같은 곳을 걸어도 달리 느껴진다는 거죠.

맞아요. 특히 계절이 변할 때 많이 느껴요. 집 주변이 다 벚꽃길인데 다른 계절엔 사람이 별로 없거든요. 근데 봄만 되면 없던 사람들이 엄청나게 몰려와요. 다들 꽃나무 아래 서서 사진을 찍겠다고 다닥다닥 붙어 있는데 그 모습이 참 예쁘더라고요. 모두를 여기 모이게 하다니, 자연의 힘이 정말 세다고 느꼈죠.

근데 사실 '나는 너를 다 이해할 수 없어.'라는 생각보다 '왜 내 말을 이해 못 해?'라는 말이 먼저 나가기 쉽잖아요. 우리 마음속에는 엄청 큰 정원이 있어요. 그 정원엔 사각지대가 있죠. 어느 날 거기 낯선 꽃이 핀 걸 우연히 발견했어요. 그럴 때 우리는 '언제부터 저기 있었지? 물을 줘야 해? 말아야 해?' 고민하게 돼요. 근데 누구에게나 이런 사각지대는 있어요. 하물며 낯선 사람의 정원을 볼 때는 당연히 그 구역이 많을 수밖에 없겠죠. 그러니 제가 어떻게 그 정원을 다 이해하겠어요. 저는 제가 그걸 다 할 수 없다는 걸 인정하기 시작했어요. 내 한계를 인정했을 때 그걸 채워주는 사람이 있다면 함께 더 나은 방향으로 나아갈 수 있다고 믿어요.

책에서 "어디를 향해 가고 있으며 무엇을 중심에 두고 시간을 보내는지가 중요하다."고 하셨어요. 요즘은 어디에 방향을 두고 지내세요?
저한테 타투가 몇 개 있는데 (양팔을 내밀며) 항상 마음에 지니고 있는 삶의 태도를 여기 새겼어요. 해랑 달이 같이 있는 이 모양은 빛과 어둠을 의미해요. 어둠 속에 빛이 있고, 빛 속에 어둠이 있는 형태죠. 저는 늘 어둠과 빛이 함께 있다는 걸 기억하며 살고 싶어요. 제 빛은 아래를 향하면 좋겠고요. 우리 시야는 발밑으론 잘 안 가는데, 그 아래도 사람이 있다는 걸 기억하고 싶거든요. 그림 위에는 산스크리트어로 "모든 생명이 평화롭고 행복하기를."이라는 의미의 글귀를 적어두었어요. 정체되지 않고, 딱딱해지지 않아야 잘 흘러갈 수 있다고 믿기에, 에너지가 고여 독이 되지 않게 신경 쓰며 살고 싶어요.

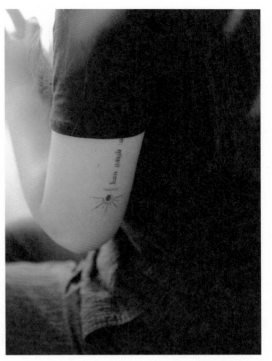

꾸준히 신경 쓰기 위해서는 내면의 나와 사이좋게 지내는 게 중요할 것 같아요. "스스로의 가장 좋은 친구가 되어주길 바랍니다."라는 예슬 씨 문장처럼요.
내가 내 마음 같지 않을 때가 있어요. 보통 속도로 걷고 싶은데 너무 느리게 간다고 느끼거나 너무 빠르다고 느낄 때, 혹은 지금이 아침이면 좋겠는데 밤일 때⋯. 그럴 때 '그렇구나.' 할 수 있으면 좋겠어요. 마지막에 남는 건 결국 나밖에 없어요. 모든 게 사라져도 저는 여기 남겠죠. 그러니까, 내가 나를 사랑하지 않으면 든든한 동반자를 잃게 될 거예요. 그래서 저는 저를 지켜주고 싶어요. 제가 잘 클 수 있게 좋은 음식도 먹이고, 좋은 것도 보게 하고, 쉬게도 하고⋯ 계속 저를 도와주면서 발아래를 잊지 않고 천천히 걷고 싶어요.

맑은 어느 날, 우리는 완만한 산을 오르며 작은 새들을 보았다. 초록 숲 사이의 그녀는
누구보다도 자연스러워 보였다. 그 숲이 마치 자신의 집인 것처럼. '포뇨'가 어른이 된다면 이런
모습일까. 포뇨의 집이 바다라면, 그녀의 거처는 나무일 것이다. 김혜나 작가는 순수한 아이의
마음으로 그림을 그린다. 오래된 기억을 마음에 소중히 담아두고 이따금 꺼내어 그림에 옮긴다.

순수한 어른의 상상

김혜나—화가

에디터 김지수
포토그래퍼 김혜정

만나자마자 함께 산책을 했네요(웃음). 집 뒤에 바로 산이 있다니 부러워요. 먼저 소개로 시작해 볼까요?

우리가 걸었던 길은 봉제산에 딸린 작은 동산이었어요. 코스가 꽤 탄탄하죠(웃음). 반가워요. 추상화 작가 김혜나입니다. 흐르는 듯한 자연물의 형상, 아름다운 색, 멋진 기억들이 녹아 있는 그림을 그리고 있어요.

멋진 기억들이라면 어떤 걸까요?

어릴 때 추억이요. 제가 아직 연륜이 있는 작가가 아니고 산전수전을 겪으며 살아온 것도 아니잖아요. 그렇다고 사람들과 부딪혀서 어떤 사건 사고를 겪어본 것도 아니고요. 정말 그림만 그리며 살아왔는데 아주 어릴 때 기억들이 남아서 그림 작업의 탄탄한 바탕이 되고 있어요. 초등학교 때였는데 당시에 아버지가 대한항공에 다니셔서 제주에 꽤 오래 살았거든요. 하루도 빼놓지 않고 수영을 했고 새카맣게 타서 물속에 머리를 집어넣어 물고기를 보던 장면이 선해요. 부모님께 사랑을 넘치게 받고 자라던 그때를 떠올리면 어제처럼 느껴져 금방 행복해져요. 그 기억으로 산다고 해도 과언이 아닐 정도로요. 제 그림을 보는 사람들이 제가 그림에 담은 저만의 감정을 그대로 안고 떠났으면 좋겠다는 바람이 있어요. 종종 엄마와 어릴 때 기억을 되짚어 보기도 하거든요. 이것저것 제가 기억하지 못하는 일도 많고 제 기억과 다른 비하인드도 많은데요. 결국 이 추억들의 조각을 맞추다 보면 저는 되게 즐거운 이야기를 가득 담고 있는 사람이라는 생각이 들어요.

아주 오래된 영감을 가지고 있네요. 그림은 언제 처음 그렸나요?

어릴 때부터 항상 그리고 있었어요. 부모님이 물량 공세를 엄청 하셨거든요(웃음). 가지고 싶은 스케치북, 물감, 크레파스가 있으면 아끼지 않고 사주셨어요. 셋집이었는데 벽에 그림을 그려도 야단치지 않으시고 응원해 주셨고요. 아, 어릴 때 그린 웃긴 그림이 있는데 가져올게요. (그림을 가져온다.) 엄마가 반지름의 원리를 알려주신다고 종이를 꺼내셨는데 뭘 배우기 싫었나 봐요. 그 종이 위에 엄마 얼굴을 못되게 그리고 장난친 그림이에요. 그림 그리는 일은 저에게 너무 당연한 일이었어요. 지금도 그렇고요.

작업의 원동력은 가족에 있기도 하네요.

큰 원천이에요. 엄마가 그림을 그리고 싶어 하셨거든요. 화가가 된 저를 보면서 꿈을 이룬 것 같다는 말씀을 하시기도 해요. 엄마는 최근에 오일 파스텔 작가로 조그만 전시를 진행하셨고, 동생은 수채화 그림을 그리고 있어요. 저한테 가족은 너무 소중한 존재라서 실망시키고 싶지

않은 마음이 커요. 전폭적인 지원을 받았고 그 사랑에
보답하는 마음으로 그림 그리기를 멈추지 않고 있어요. 또
다른 원동력이라면, 늘 아름다움을 만드는 사람들 사이에
속하고 싶다는 꿈을 꿔요. 저는 저 자신을 망치지 않는
법을 알고 있는 사람이라, 이 튼튼한 마음으로 아름다운
것들을 잘 만들어 평생을 보내고 싶다는 생각을 해요.

**작업실을 둘러보니 일과가 궁금해져요. 밖에 잘 안
나가신다고 들었어요.**
키우고 있는 강아지 '코코' 덕에 매일 밖으로 나가긴
해요. 다만 차를 타는 이동은 잘 안 하는 편이에요. 작년
교통비를 계산해 보니 총 14만 원이 나왔더라고요(웃음).
그래도 체력 관리를 소홀히 하면 안 되니까 산책을 빼놓지
않으려 해요. 그림 그리는 일엔 체력이 중요하거든요.
밖으로 나가지 않으면 나태해지기도 하니까요. 산책하는
시간을 빼고는 거의 칩거인처럼(웃음) 지내고 있어요.
만나는 사람만 만나려 하고, 작업실에서 생활하니까 할
일이 너무 많아서요.

산책이 작업 전 중요한 준비 과정이기도 하네요.
산책을 하며 좋은 에너지를 받아요. 늘 이 자리에 앉아서
작업하는데 무릎 꿇은 자세로 있을 때가 많거든요. 온종일
굽히고 있다가 유일하게 몸을 쭉 펴는 시간이에요.
그림 작업과 거리를 두는 귀한 시간이기도 하고요. 그림
아이디어를 산책하면서 얻기도 해요. 좀더 새로운 것을
그려야겠다는 자극은 산책에서 얻는 것 같아요. 그림
생각을 할 때는 머릿속에서 작은 전쟁이 일어나는데, 그
많은 생각들을 산책이 정돈해 주기도 하고요.

산책할 때 꼭 챙겨 가는 것이 있나요?
산에 버려진 것들이 꽤 많아서 쓰레기 담을 봉투를 곧잘
챙기는 편이에요. 아까 걸은 산에는 청설모가 두 마리
살아요. 새들도 많고요. 곡식이나 밤, 호두, 아몬드 같은 걸
가져 가는데요. 나뭇가지 사이에 꽂아 놓으면 다음 날에는
사라져 있어요.

거의 산을 위한 지킴이 역할을 하시는 것 같아요(웃음).
그런가요(웃음). 반대쪽 2차선 도로 하나를 건너면
봉제산이 있어요. 제가 어릴 때 그 산 밑에서 살았거든요.
이 동네를 벗어나지 않아서 제 주변에는 늘 산이 있었던
거죠. 그러다 보니 봉제산에 나름 오랜 애정을 가지고
있어요.

**산책하면서 마주한 풍경 중에 지금 떠오르는 장면이
있나요?**

요즘엔 한강을 많이 걸었어요. 걷다 보면 바다처럼 흙과 물, 풀이 모여 있는 장소가 있는데 그곳을 발견하고 혼자서 재미있는 이야기를 만들기도 했어요. 제목은 '통나무 집 로맨스'인데, 한 사냥꾼이 작은 동물을 오두막에 데리고 오는 이야기예요. 보이는 것은 어두운 낙엽뿐이지만 오두막 주변에는 가끔 눈인사 나누는 사슴이 한 마리가 있고, 잠들기 전 내 침대를 미지근하게 데워 놓는 작은 강아지가 있어요. 이미 죽은 동물을 데리고 오는 사냥꾼이니 사냥꾼이 아닐 수도 있겠다는 단상을 글로 적기도 했고요. 그 풍경을 보자마자 사냥꾼이 떠오른 건 아마도 제가 전생이 사냥꾼이 아니었을까, 하는 터무니없는 상상을 하기도 해요(웃음).

풍경 하나에 동화 한 편을 완성했네요. 어린이의 마음이 엿보이기도 해요. 어릴 때 기억이 강하게 남은 까닭일까요?

그런 것 같아요. 거의 평생을 그때 기억을 끌어 살고 있으니까요. 어릴 때 인형 놀이만 하고 놀았는데 지금도 인형 옷을 만드는 취미가 있어요. 인형 놀이만 주야장천 했어도 늘 모자라다는 생각을 했거든요. 나중에 할머니가 되면 편하게 인형 놀이만 할 거야(웃음), 다짐도 했고요. 그 마음이 지금까지 이어진 거죠.

곳곳에 인형들이 보여요. 박스 안에 뭉텅이로 모아두시기도 했죠. 인형 옷이 다 예뻐서 입어보고 싶다는 생각이 들 정도예요(웃음).

감사해요(웃음). 재봉틀을 배운 게 아니라서 아마추어 수준이에요. 인형 옷을 만드는 건 저에게 휴식과 같아요. 그림 그리는 게 아무리 좋아도 본업이다 보니 스트레스가 없을 수 없거든요. 이제 막 전시를 앞두고 있는데 제 그림을 보는 사람들이 제가 생각하는 것만큼 좋은 기운을 받고 갈 수 있을까, 하는 막연한 걱정이 있어요. 그런 생각들로 복잡해지다가도 재봉틀을 앞에 앉으면 시야가 확 트이는 기분이 들어요. 여기 앉으면 그림 그리는 자리가 보이거든요. 그러면 제삼자가 되어 그림을 바라보게 돼요. 고쳐야 할 점을 발견하기도 하고요.

인형 옷은 언제부터 만드신 걸까요?

대학생 때부터 만들었는데 손바느질로 대충대충 하다가 동생이 사 준 바비인형을 보고 열정이 생겨 본격적으로 만들게 됐어요. 마음속에 불이 막 타오르는 기분이 들더라고요. 처음엔 인형을 하나씩 모아볼까 하다가 가만히 보니 인형들이 입은 옷이 다 마음에 안 들더라고요. 제 취향이 아니기도 하고 더 예쁘게 꾸며주고 싶었고요.

제가 면 옷을 좋아하는데 인형도 면 옷이 좋겠지(웃음) 하는 생각으로 열심히 만들어 왔죠.

인형 옷 만드는 건 왜 그렇게 즐거울까요?

단순한 인형이 아니라 작은 사람으로 여기고 있어요. 어릴 때 워낙 인형을 좋아해서 많은 인형들을 가지고 있었는데 학교가 끝나면 반 친구들 모두 저희 집에 놀러 와서 함께 인형 놀이를 한 기억이 생생해요. 엄마가 그런 친구들을 챙겨주는 걸 좋아하시기도 했고요. 인형에 구체적인 직업을 붙이고 개개인의 이야기를 만들기도 해요.

이야기요?

네, 완전 오타쿠죠(웃음). 이야기가 좀 긴데, 저는 항상 작업실에서 그림만 그리다 보니 사회구성원으로서 도움이 되고 있다는 생각을 하지 못했어요. 환경미화원, 소방수, 변호사, 의사, 흔히 사회에서 각자 역할을 다하는 직업들이 있는데, 저는 작가로서 어떤 역할을 하고 있는지 잘 모르겠더라고요. 그러다 우연히 예술인복지재단에서 하는 파견 예술 프로젝트에 참여했는데 제가 했던 작업이 좋은 평가를 받아서 이듬해 재단에 유용한 예산을 받게 된 거예요. 그때 처음으로 그림을 그리는 제가 사회의 일원이라는 걸 깨달았어요. 이때 느꼈던 가치들이 이어지면서 인형 옷을 만드는 취미에 이야기를 입히게 된 거죠. 사파리 직원부터 커리어우먼, 제가 스케일링 하는 걸 좋아해서 치위생사 인형을 만들기도 하고요(웃음).

인형 안에 소중한 의미를 숨겨 놓았네요. 가장 아끼는 인형의 스토리로 마무리해 볼까요?

세 친구가 있어요. 첫 번째 친구는 화가인데, 옷에 물감을 잔뜩 묻힌 말괄량이 같죠. 제 20대 초반의 모습이 담겼어요. 그때는 옷에 물감을 묻히고 그림 그리는 사람으로 보이는 걸 좋아했던 것 같아요. 졸업을 앞두고 고민도 많았고 꿈도 많이 꾸던 시절이었어요. 가끔 이때로 돌아가고 싶다는 생각이 들어요. 그다음 친구는 현재의 저예요. 작업복도 업그레이드되었고 더 이상 물감을 묻히지도 않아요. 조금 성숙해진 모습이죠. 마지막 친구는 휴양지에서 유유자적하는 사람을 상상했어요. 제 바람을 담은 친구인데 아마 어마어마한 유산을 물려받았는지 아주 여유로운 모습이네요(웃음).

산책은 무리하기 위한 행위가 아니다. 그저 충분하다는 짐작이 들 때까지 발자국을 남기는
것이다. 미온전의 전영은은 산책의 의미를 빼닮은 사람이다. 읽고 싶은 만큼의 문장을 꼭꼭
씹어 삼키고 내키는 만큼 몸을 움직이며, 필요 이상의 물건을 만들지 않는다. 일정한 보폭과
속도로 남기는 발자국은 그의 일상을 안온한 산책길로 만든다.

무리하지 않을 만큼   전영은—미온전   에디터 **이명주**
포토그래퍼 **김혜정**

만나게 되어 반가워요. 우선 간단한 소개 부탁해요.
안녕하세요. '미온전'을 운영하는 전영은입니다. 미온전은
가방이나 장갑, 다이어리처럼 작고 소소하지만 일상에
녹아들어 함께할 수 있는 무언가를 만드는 브랜드예요.
학생 때부터 막연히 나만의 것을 만들고 싶다고
생각했는데, 올해로 7년 넘게 미온전을 운영하고 있네요.
작고 미비하지만 많은 분이 애정을 보내주셔서 이어
나가고 있어요.

**미온전은 온전하지 않다는 뜻의 단어인 거죠? 이름이
독특하다고 생각했어요.**
저는 제품을 만들 때 '더 나은 선택이 있지 않을까?
나중에 봐도 만족스러운 제품일까?' 이런 질문들과 매번
싸웠어요. 그런 복잡함을 떨치고 싶어서 브랜드 이름을
청개구리처럼 지었죠. 제 이름의 한자가 '온전할 전全'인데
결점 없이 완벽하다는 의미로 쓰이거든요. 그래서 '세상에
그런 게 어딨어?'라는 마음으로 앞에 '아닐 미未'를
붙였어요. 분명 부정의 의미는 있지만 '아닐 부不'와 달리
마침표는 찍히지 않은, 미래의 가능성을 포함한 글자
같았거든요.

자꾸 곱씹게 되는 좋은 이름 같아요.
다행히 아직 질리지 않아서, 지금까지 이름으로 쓰고
있네요(웃음).

**영은 씨는 혜화의 서점 '어쩌다 산책'에서도 일하고
있죠.**
본업이 아닌 곳에서 편한 마음으로 대할 수 있는 동료를
만들고 싶었어요. 1인 브랜드를 운영하다 보면 좋은 점도
있지만, 가끔 외로운 순간이 찾아와요. 모든 일이 혼자
시작해서 혼자 마무리되거든요. 저도 예전에 회사에서
일했던 경험이 있는데, 분명 곁에 있는 동료한테서 얻을 수
있는 에너지가 있거든요.

맞아요. 혼자 있을 때와는 또 다른 에너지라고 생각해요.
그래서 그런 바람만 가진 채로 외로움에 지쳐가던 중에,
어쩌다 산책에서 팀원을 구한다는 공고를 봤고 충동적으로
지원했어요. 본업에 영향을 주지 않도록 일주일에 이틀만
출근하는데 벌써 2년 가까이 근무했네요.

꽤 긴 시간이네요. 어쩌다 산책은 자주 가던 곳이에요?
몇 해 전, 제 생일에 엄마와 혜화동에서 데이트를 했어요.
그때 처음 와봤는데 뭐랄까, 마음이 편안하더라고요. 이런
멋진 공간에서 일하는 사람들도 멋져 보이고요. 막연하게
'아, 여기서 일하면 좋겠다.' 싶었어요. 저에게 이곳은

본업에서 벗어나 생각을 환기할 수 있는 공간이에요.
단순한 일터가 아니죠. 무엇보다 선하고 다정한 동료들이
저에게 큰 힘이 되어주고요. 제가 항상 "로또 1등
당첨되어도 산책은 계속 다닐 거야!"라고 말하는데,
농담이라고 안 믿어줘요. 완전 진심인데(웃음).

**방금 그 말에서 어느 정도의 애정인지 확 와닿았어요.
근처에서 일하다 보니 마로니에 공원을 자주 찾게 된 것
같네요.**
맞아요. 마로니에 공원은 공간이 확 트여 있어서
답답하지도 않고 계절마다 풍경의 맛이 달라요. 찬바람이
불고 눈이 오는 겨울뿐 아니라 여름과 가을에도 나무를
구경하며 걷기 좋아요. 항상 사람이 많은데, 오늘은 날씨가
좋아서 더 북적이네요.

**그러게요. 바람에 부딪치는 나뭇잎 소리도 들리고요.
바쁜 일상을 보낼 텐데 평소에 산책은 자주 하세요?**
사실 일부러 시간을 내서 걷는 사람은 아니에요. 산책만을
위해 외출한다기보다 나간 김에 걷고 둘러보는 거죠.
요즘은 마로니에 공원 외에도 중랑천에서 걷곤 해요. 저녁
운동을 마친 후에 열기를 가라앉히기 좋거든요. 밤 산책을
하기 딱 좋은, 얼마 안 되는 귀한 계절이기도 하고요.

**계절을 느끼면서 잠깐이라도 마음의 쉼표를 찍었다면
그게 바로 산책인 것 같아요.**
바쁜 일상을 살다 보니 자연스레 그렇게 되더라고요.
제가 책 읽는 걸 좋아하는데요. 장르를 가리진 않지만,
산책이라는 행위를 좋아하거나 자연을 예찬하거나, 멍하니
벤치에 앉아 사색에 잠기는 작가들의 책을 가까이 두려고
해요. 일상에서 쉽게 놓치는 부분을 이렇게라도 채우고
싶거든요.

일종의 대리만족이네요. 그럼 책은 언제 주로 읽어요?
원래는 샤워를 마친 후에 좋아하는 잠옷을 입고
침대에 누워 읽는 게 최고인데, 그런 시간을 자주 갖긴
어려워요. 그래서 어딘가로 이동할 때 주로 읽어요. 제가
경기도민이라 어딜 가든 30분 이상은 걸리거든요(웃음).
대중교통에서 보내는 시간이 남들보다 긴 거죠. 그리고 한
가지 덧붙이면, 스마트폰만 보는 사람들 가운데서 책 읽는
모습을 사랑하기도 해요.

독서할 때 튀어나오는 영은 씨만의 습관도 있을까요?
저는 내지를 험하게 보는 걸 좋아해요. 마음이 가는 문장에
밑줄을 긋고, 다음에도 펼쳐보고 싶은 페이지는 고민 없이
모서리를 접어버리기도 하고요. 다 읽은 책을 덮었을 때

이전과 달리 책 두께가 살짝 부풀어 있거든요. 그걸 보면 왠지 기분이 좋아져요. 다만 표지가 상하는 건 싫어요. 미온전의 산'책'가방을 만든 이유도 그 때문이에요.

저도 그 가방 덕분에 미온전을 알게 되었어요.
일상에서 책 읽을 때 불편했던 부분을 고민하면서 제작한 북 커버인데, 많은 분이 사랑해 주셨죠. 들고 다니기 편하게 가방처럼 손잡이를 달고, 수납공간과 가름끈을 만들었어요. 책 몇 권을 한 번에 넣을 수 있도록 공간을 구성했고요. 책이 아닌 태블릿 패드도 들어가면 좋겠다는 의견이 있었는데, 오직 책만을 위한 가방이라는 제작 의도를 바꾸고 싶진 않아요.

오늘은 산'책'가방에 어떤 책을 넣어 왔어요? 얼핏 보기에도 책이 부풀어 있는데요.
최근에 읽은 에밀리 디킨슨의 《모두 예쁜데 나만 캥거루》라는 시집인데, 여기에도 열심히 접은 흔적이 있죠(웃음). 그의 시를 풀어낸 한정원 작가의 《시와 산책》도 가져왔어요. 한정원 작가는 자연의 형상을 담은 시를 자주 썼던 에밀리 디킨슨에게 '매우 성실한 산책자'라는 표현을 쓰더라고요. 저도 시를 읽으면서, 저자의 눈을 빌려 자연을 감상하는 것 같은 기분이 들었어요.

작가의 시선을 빌려 세상을 경험하는 거네요. 영은 씨는 독서라는 정적인 행동뿐 아니라, 운동이라는 동적인 행위도 즐겨 하죠.
요가는 오래전부터 해왔고, 등산은 3년 전부터 했어요. 사실 제가 누워 있는 걸 세상에서 제일 좋아하던 사람이거든요. 정지돈 작가가 "산책에서 제일 좋은 파트는 산책하기 직전이다. 꿈꿀 땐 행복하지만 막상 시작하면 피곤한 행위"라는 말을 했는데, 너무 공감했어요.

저도요. 운동 시작하는 순간부터 '아, 오지 말걸.' 하고 후회하거든요(웃음).
그러니까요(웃음). 그런데 나이 앞자리가 바뀌면서 '건강 무료 구독'이 끝난 느낌이 딱 들더라고요. 이제 시간과 돈을 들여 몸뚱이의 건강을 구축해야 할 때가 왔구나, 실감했죠. 그래서 올해부터는 PT, 축구까지 시작했어요.

필요함을 느끼자마자 곧바로 행동으로 옮긴 게 정말 대단한데요?
사실 하타요가는 한 동작에 오래 머물면서 몸의 움직임을 느끼는 건데, 제 성향과 잘 맞아서 자연스레 꾸준히 하게 되었어요. 그런데 최근에 시작한 축구나 PT는 제가 가진 성향을 거스르는 운동이에요.

보통은 운동도 나와 잘 맞는 걸 찾게 되던데, 어떤 이유로 시작하게 되었어요?
생각해 보면, 학교 다닐 때 여학생들이 운동장에서 공을 차면서 팀워크를 느낄 만한 기회가 주어지지 않잖아요. 하다못해 공으로 누군가를 맞추는 정도고요. 그런데 《우아하고 호쾌한 여자 축구》라는 책을 읽은 후로, 해보지 않았던 걸 도전하고 싶은 욕구가 들었어요. 그래서 친구들이 만든 여자 축구팀에 들어가서 열심히 뛰고 있죠.

어때요. 소질이 있는 것 같아요?
오합지졸이지만 어쩌다가 골이라도 하나 넣으면 기분이 너무 좋아요(웃음).

글을 읽고 몸을 움직이는 게 일상을 바꾸어 놓았네요.
그렇죠. 인간은 어떤 면에서 참 단순해서 귀여울 때가 있어요. 우울할 때 따뜻한 물로 몸을 씻어내고 깨끗한 잠옷을 입으면 조금이나마 기분이 나아지는 것처럼, 독서와 운동도 마찬가지라고 생각해요. 꼭 대단한 목적이 아니라도, 잠시 밖으로 나와 몸을 움직이거나 글자를 읽으면 확실히 전보다 나은 상태가 돼요. 특히 저는 요즘 운동할 때 몸에 근육 붙는 느낌이 엄청 신나고 재미있어요. 만나는 친구마다 팔에 힘을 주며 만져보라는 주접도 떨고요(웃음). 더욱 강해지고 싶어요!

영은 씨는 자신이 무엇을 추구하는 사람인지 잘 아는 것 같아요.
주변에서는 성공하고 싶으면 그냥 팔릴 만한 걸 계속 찍어내라고들 말해요. 하지만 저는 거창한 목표 같은 게 없어요. 남들 버는 만큼 벌면 잘하는 것 같고요. 나답지 않게 무리하다가는 분명 넘어질 거예요. 앞으로도 제가 하고 싶은 걸 만들고, 하고 싶은 걸로 일상을 채울래요.

누구와 함께 걷고 있나요? 어떤 마음으로 걷고 있나요?

안온한 걸음 틈새로

이진희—일러스트레이터

글·그림 **이진희** 에디터 **이주연**

어떤 시간에는 마음에 바람이 지나가는 것 같습니다. 가만히 앉아 마음속 검은 돌들을 세어보는 그런 날에는 검고 또 검으며 검가에 검은 돌을 하나씩 내려놓습니다.

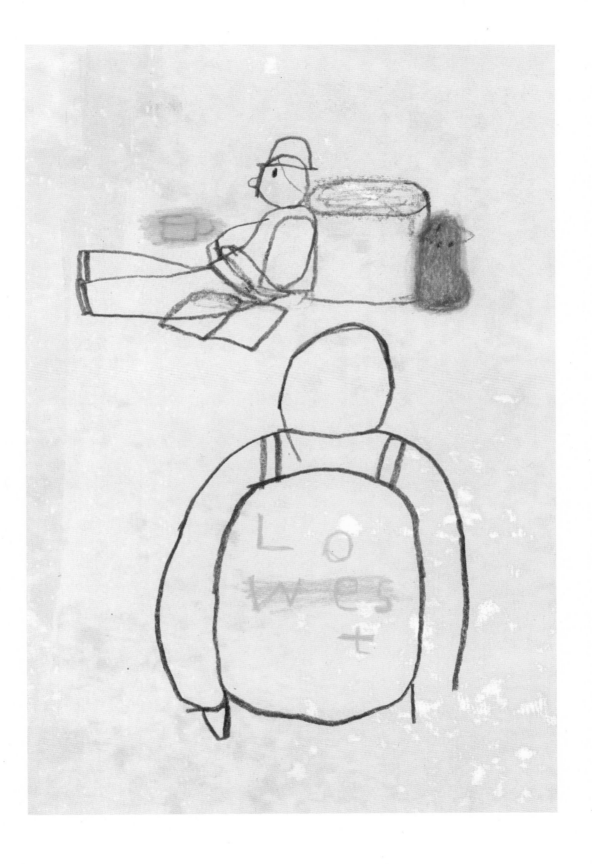

Picture Essay

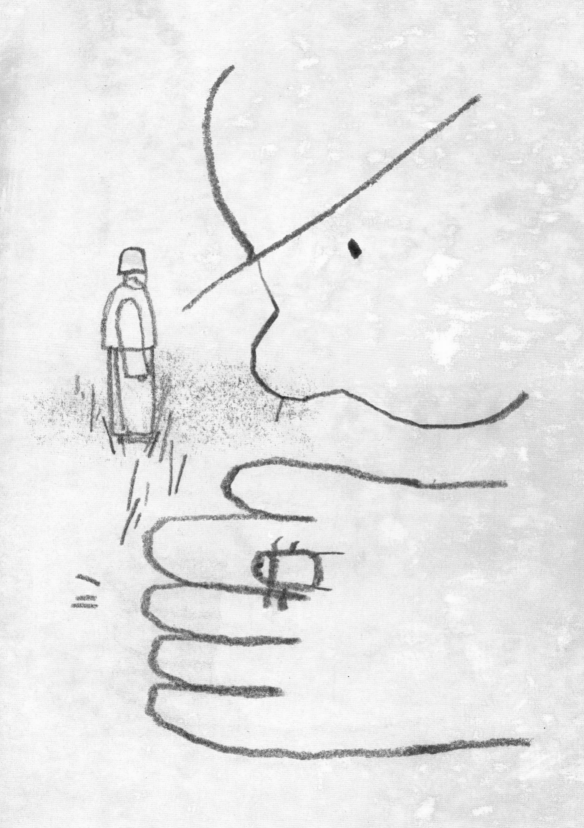

때로는 함께 걷습니다. 친구는 달리기를 좋아하지만 저와 함께하는 시간에는 천천히 걸어갑니다.

우리는 일부러 멀리 길을 잃고 머뭇거립니다. 멀리 풍경들이 느리게 지나갑니다.

제멋대로 관찰자

글 이주연 일러스트 추세아

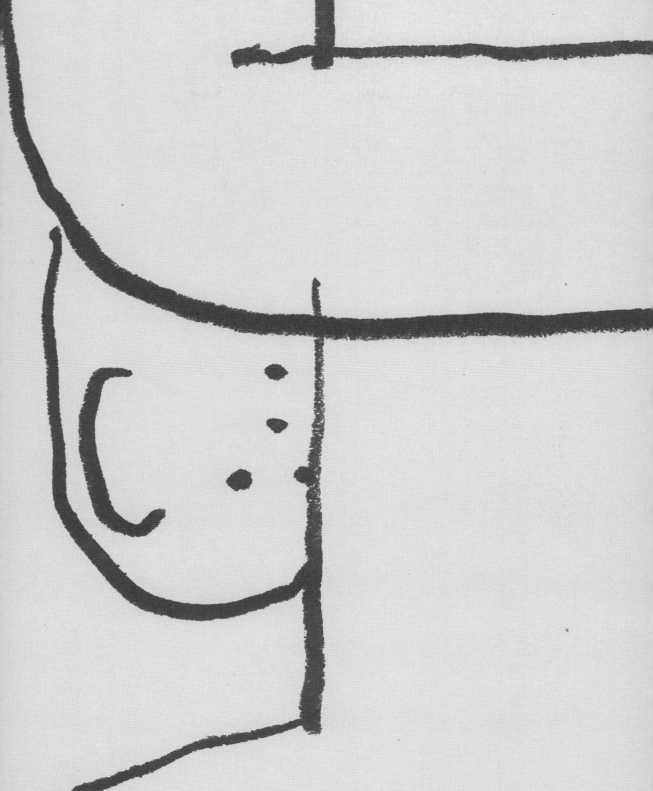

나는 걷기로 한다. 어떤 남자를 관찰하면서.

하겠소—.

"좋은 소설을 쓰시오."

벗은 진정으로 말하고 ...리고 두 사람은 헤어졌다. 참으로 좋은 소설을 쓰리라. 번쩍 드는 순간 ...모말을 가져 글을 읽어보았어도 그는 거의 그것에서 불쾌를 느끼는 ...도 없이 오직 그 ...에 조그만 한 개의 행복을 갖는다.

"구보—"

문득 벗이 다시 그를 찾았다. 참, 그 수첩에다 무슨 표를 질렀나 좀 보우. 구보는 ... 안주머니에서 꺼낸 수첩 속에서, 크고 또 정확한 ...을 찾아내었다. ...으며 벗에게 향해, 아마 내일, 정오에 화신상회 옥상으로 갈 필요는 없을까 보오. 그러나 구보는 적어도 실망을 갖지 않았다. 설혹 그것이 O표라 하였더라도 구보는 결코 기쁨을 느낄 수는 없었을 게다. 구보는 지금 제 자신의 행복보다도 어머니의 행복을 생각하고 싶었을지도 모른다. 그 생각에 그렇게 바빴을지도 모른다. 구보는 좀더 빠른 걸음걸이로 은근히 내리는 거리를 앞으로 향한다.

어쩌면, 어머니가 이제 또 이야기를 꺼내더라도, 구보는 쉽게 어머니의 욕망을 물리치지는 않을지도 모른다.

158

"이거 내 둘째 아이가 해준 거죠. 제 아주멈 해"하구, 이거하구……"

이렇게 묻지도 않은 말을 하였다. 어머니는 그것이 아들의 훌륭한 자랑거리라 생각하였다.

자식을 자랑할 때, 어머니는 얼마든지 뻔뻔스러울 수 있다.

그러나 그런 일은 늘 있을 수 없다. 어머니는 역시 글을 쓰는 것보다는 월급쟁이가 몇 곱절 낫다고 생각하고, 그리고 그렇게 재주있는 내 아들은 무엇을 하든 잘하리라고 혼자 작정해버린다. 아들은 지금 세상에서 월급 자리 얻기가 얼마나 힘든 것인가를 말한다. 하지만, 보통학교만 졸업하고도, 고등학교만 나오고도, 회사에서 관청에서 일들만 잘하고 있는 것을 알고 있는 어머니는 고등학교를 졸업하고도, 또 동경엘 건너가 공부하고 온 내 아들이, 구해도 일자리가 없다는 것이 도무지 믿어지지가 않았다.

구보는

집을 나와 한번 길을 광교로 향해 걸어가며, 어머니에게 단 한마디 "네—" 하고 대답 못했던 것을 뉘우쳐본다. 하기야 중문을 여닫으며 구보는 "네—" 소리를 목구멍까지 내어보았던 것이나 중문과 안방과의 거리는 제법 큰 소리를 요구하였고, 그리고 공교롭게 활짝 열린 대문 앞을, 때마침 세 명의 여학생이 웃고 떠들며 지나갔다.

그렇더라도 대답은 역시 해야만 하였었다고, 구보는 어머니의

박태원, 〈소설가 구보씨의 일일〉

가차없이 X

여기, 일본 유학을 다녀온 소설가가 있다. 눈썹 위로 껑충 올라오는 짧은 앞머리를 하고, 둥그런 안경을 쓴 사람이다. 코 밑에 어울리지 않는 수염이 두둑하게 달려 있고… 물론 '어울리지 않는다'는 건 내 생각뿐일지도 모른다. 누군가는 잘 어울린다고 생각할지도. 조금 더 살펴보자. 어깨는 축 처진 채로 약간 붕 뜬 머리, 정장인 듯 아닌 듯한 셔츠를 입고, 구두도 신고 짧은 지팡이도 들었는데 위엄은 없다. 조금 고약해 보이기까지 하다.

집을 나온 그는 천변을 걷는다. 동네 사람들이 마실이라는 것을 나와 삼삼오오 모여 떠드는 이 동네 천변. 뭐가 그리 재미있는지 여학생들이 까르르 웃으며 지나가고, 소설가는 그 옆에서 수심에 잠긴 얼굴로 구두코만 보고 있다. 그런 그의 뒤에서 자전거가 다가오는데, 따르릉따르릉 요란스레 경고하여도 소설가는 좀처럼 돌아보지 않는다.

길 한가운데서 바닥만 한참 보고 있으니 자전거를 운전하던 사람이 눈을 세모로 뜨고는 소설가를 바라본다. '으구….' 나도 모르게 혀를 쯧쯧 차고 만다. 그는 왼쪽 귓속을 자꾸 매만진다. 귀가 가려운 걸까, 혹시 청력에 이상이 있는 걸까, 그렇다면 '으구….' 하고 혀를 찬 게 미안해진다. 나는 조금 더 그를 뒤쫓기로 한다. 나도 밤까진 딱히 할 일이 없고 걷는 것이 좋은 까닭이다.

다리에 우두커니 서 있던 소설가는 불현듯 고개를 들고 종로 쪽을 쳐다보며 걷기 시작한다. 그러고는 아는 사람이라도 발견한 듯 경보하는 것처럼 뛰다가… 어느 젊은 내외 가까이에 가서는 뭔가를 유심히 들여다보고 작은 돌멩이를 '툭' 발로 찬다. 사람을 보는 일은 이토록 재미있다. 알 수 없는 일로 가득하고 그래서 이상하기 때문이다. 아까는 다리에 가려져 제대로 보이지 않았는데 짧은 지팡이를 들지 않은 그의 손엔 낡은 공책이 하나 들려 있다. 표지가 이미 해진 걸 보니 오래 사용한 공책이지 싶다. 점점 빨라지는 그의 걸음을 쫓아 당도한 곳은 기차역이다. 별안간 전차에 오른 그를 뒤따라 나도 가까스로 같은 전차에 오른다. 마침 내가 밤에 가야 할 곳도 이 전차를 타야 했기에 그를 쫓는다는 죄책감 없이 가벼이 오를 수 있었다. 어느 역에선가 한 여성이 전차에 올랐고, 소설가는 아는 사람인 듯 여자를 보곤 흠칫 놀란다. 안경 속 두 눈이 커다래지면서 축 처진 어깨가 위로 봉긋 솟는다. 여자 눈에 띄면 안 될 것처럼 황급히 그는 등을 돌린다. 한참을 숨죽여 있다가 양산을 펼치고 내리는 여자를 살피는 그의 등이 애처롭다. 저렇게 문 앞에 옹송그리고 서 있으면 오히려 눈에 띌 텐데…. 웃음이 나는 걸 참으며 그와 같은 역에 내린다.

그가 들어간 곳은 다방이다. 벌써 오후 2시가 지나 배가 고파져 나도 간단히 먹을 것을 주문한다. 그는 차와 담배를 피로한 얼굴로 청하고… 한참을 담배만 줄지어 피우다 백동화를 탁자에 올려두고 밖으로 나선다. 바보같이 지팡이를 두고. 내가 가져다줄까 싶었는데 웬 남자가 지팡이를 들고 남자를 뒤쫓기 시작한다. 잘됐다 싶다. 한여름 한낮의 뙤약볕은 뜨겁다. 그는 그 뒤로도 아주 많은 곳을 걸어 다녔다. 남대문 안으로, 밖으로 걸어 다녔고, 걷다, 걷다 조선은행까지 와서는 본인도 놀라운지 고개를 슬슬 젓는다. 그를 따라 걷는 게 힘에 부쳐 이제 그만둘까 싶었는데 다시 다방으로 들어가기에 나도 쉴 요량으로 그 다방에 들어선다. 강아지 하나가 그 안에 있었고, 강아지를 귀여워할 줄 모르는 소설가는 강아지에게마저 눈총을 산다. 한참 강아지 등을 쓸어주며 중간중간 소설가를 흘깃대는데 그가 누군가를 보고 한 손을 올려 알은 체를 한다. 그쯤에서 나는 관찰을 멈추기로 한다. 누군가와 같이 있는 모습은 재미없을 테고 나도 이젠 출근할 시간이니까. 나는 바삐 움직여 일터로 왔다. 고단해지지 않도록 등을 곧추세우고 자세를 바로잡는데, 시야에 소설가가 들어온다. 예의 그 벗과 함께 내가 일하는 술집에 손님으로 온 것이다. 나는 그 둘을 상대하며 몇 가지 사실을 알게 되었고, 이내 취해 버린 벗을 두고 소설가와 한참 이야기를 섞는다. 마치 그를 처음 보는 것처럼 능청스레 구는 건 꽤나 재미있다. 그가 안경 너머로 눈빛을 빛내며 나이를 묻기에 잘도 "스물"이라 답한다. 소설가가 불현듯 나에게 묻는다. "너 내일, 낮에, 나하구, 어디 놀러 가련." 목소리가 가늘고 기력이 없다. 웃음을 참고 대답하려는 찰나 그는 내게 수첩과 만년필을 주었고 O 혹은 X를 그리라고 한다. 나는 '구보'라고 적힌 수첩에 일필휘지로 X를 그리고, 이런 정처 없는 산책자와는 산책마저도 재미없을 거라 생각한다.

비척거리는 이웃 남자

이 집에는 여자 하나만 사는 줄 알았다. 밤마다 다른
사내들이 들락거렸기 때문이다. 그러나 며칠 지켜본
바로는 여자와 남자가 함께 사는 것 같다. 남자 하나가
밤이면 비틀거리며 집 밖으로 나오는 모습을 몇 번
보았고, 그의 행색을 보아하니 이 집에서 살고 있는 사람
같다. 그렇다면 여자는, 남자와 함께 사는 채로 밤마다
다른 남자를 불러들인 것일까. 나는 흥미가 일어 며칠 그
집을 관찰하였다. 남자는 종일 잠만 잔 사람처럼 머리가
부스스하고 눈곱도 끼어 있다. 비척비척 걷는 것이 툭
건드리면 넘어질 것 같아 위태로운 눈으로 남자의 뒤를
쫓는다. 그는 걷다 마주친 이웃들이 인사를 건네와도
좀처럼 대답하는 법이 없다. 가물가물 뜬 눈으로, 날카롭게
쏘아보고 갈 길을 가는 것이다. 그는 그런 식으로 며칠에
한 번 정도 밖으로 나와 걷다가 돌아갔다. 일을 하는 것
같지는 않았고, 여자(배우자일까)와 같이 나오는 일도 보지
못했다.

하루는 집에서 여자가 먼저 나왔고, 얼마 지나지 않아
남자가 밖으로 나왔다. 역시나 남자는 홀로 걷는다. 이쯤
되니 두 사람의 관계가 더욱더 궁금해진다. 나는 밤 산책
삼아 남자를 관찰한다. 그의 주머니에서 짤랑거리는
소리가 들리는데 저것은 돈일까. 아무 일도 안 하는 것
같은 남자에게 짤랑거릴 정도로 많은 돈이 있다는 사실이
호기심을 자극한다. 그는 어느 가게에서 짤랑거리는
그것들을 꺼냈고, 놀랍게도 그것은 수많은 양의 은화다.
지폐로 바꾸는 것 같아 얼마를 건네받아 지켜보니 무려
오 원이다. 그는 지폐를 주머니에 쑤셔 넣고는 전에 없이
경쾌한 걸음으로 걷는다. 목적 없이, 발길 닿는 대로
간다는 걸 얼마 지나지 않아 알았다. 그는 이쪽 길로
들어섰다가 뒷걸음질 치며 나와서는 저쪽 길로 걸었고,
춤추듯 한 바퀴 돌며 걷다가는 갑자기 방향을 바꾼다.
돈이 생겼기 때문일까, 조금 흥분한 듯 보였는데 그 흥분은
오래가지 않는다. 이내 피곤한 얼굴로 돌아와 비척비척
걷기 시작한 것이다. 밤의 어둠 사이로 힘없이 걷는 남자의
모습이 처량하기도, 오싹하기도 하여 나는 관찰을 멈추고
집으로 돌아간다.

그다음 날에도 남자는 밤이 익으면 밖으로 나왔다.
코듀로이 양복을 걸친 상태다. 어깨춤을 추며 걷는
기이한 남자. 그는 어제와 마찬가지로 지향 없이 거리를
활보하는데, 어제처럼 피곤해 보이지는 않는다. 경성역의
시계가 자정을 넘긴 걸 확인하고 집에 돌아온 남자는 문
앞에서 그 집에 사는 여자와 손님인 듯 보이는 남자가
이야기 나누는 걸 보게 된다. 그러나 별말 없이 집으로

들어갔고, 나는 그 장면이 무척이나 기이하게 느껴졌다. 두
사람의 관계는 무엇일까. 매일같이 바뀌는 남자 손님들의
정체는 또 무엇일까. 그 뒤에도 남자는 밤이면 집 밖으로
나왔고, 자주 커피를 즐기는 듯했다. 어쩐지… 하루하루
지날수록 낯빛이 허예지고 말라가는 것 같다. 수염과
머리도 제멋대로 자라 보기에 불편한 행색이다.

항상 경성역으로 향하던 그였지만, 어느 날엔 길게 자란
머리를 흔들며 산에 오르는 것이었다. 왠지 걸음이 평소
같지 않아 나는 긴장한 채 그를 쫓았고, 그는 나무 의자에
누워… 밤새 잠을 잤다. 그다음 날이 밝을 때까지
한 번을 깨지 않고 잤다. 나는 왜 저 이웃집 남자가
걱정되어 이렇게 멀찌감치 바라보고 있는가. 그가
집으로 돌아가는 것만 보고 이제 관찰을 그만두려
했는데, 그가 집으로 들어가자 안에서 큰 소리가 났다.
엎치락뒤치락하는 듯한 소리였고, 여자의 분에 찬 악이
들린다. 그리고 얼마 있다 남자가 나와 달리기 시작한다.
그가 뛰어간 곳은 또다시 경성역이다. 경성역까지 가는
동안 몇 번이나 차에 치일 뻔한 것을 보았으니 제정신이
아닌 듯하다. 그는 커피를 마셨고, 계속해서 돌아다녔고,
아무 길바닥에 앉아 멍하니 어떤 곳을 응시하고만 있다.
한참을 걷던 그는 미쓰코시 백화점으로 들어간다.
백화점 바닥에 주저앉아 혹여 쫓겨나지 않을까 걱정되어
쫓아갔는데… 구경을 하지도, 주저앉지도 않은 채 위로,
자꾸만 위로 올라가는 것이었다. 옥상 문을 열고 그곳에
서서 경성 거리를 내려다보는 남자. 나는 관찰하기를
포기하고 그의 곁으로 다가서기로 한다. 그때 그가 한 팔을
들고 겨드랑이를 긁기 시작했다. 알 수 없는 말을 주문처럼
외면서. 나는 걸음을 멈추고 그의 목소리에 귀를 기울인다.
조금씩 그의 목소리가 들려온다. "날자. 날자. 날자. 한
번만 더 날자꾸나. 한 번만 더 날아보자꾸나."

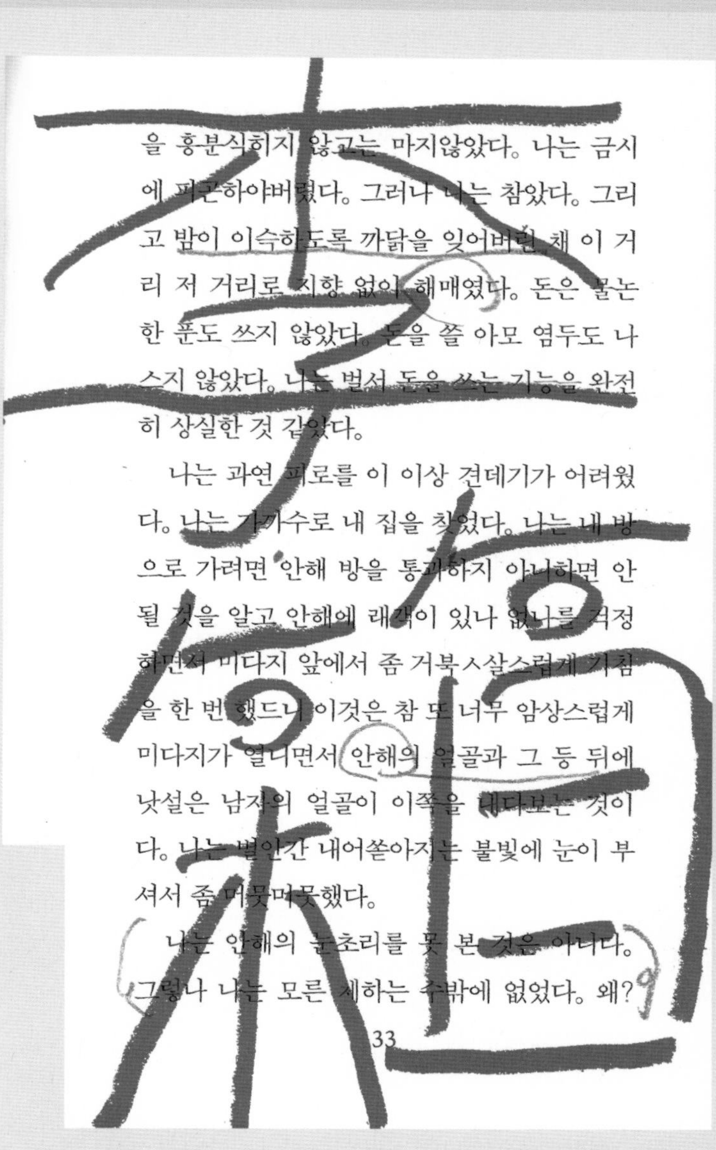

을 흥분식히지 않고는 마지않았다. 나는 금시
에 피곤하야버렸다. 그러나 나는 참았다. 그리
고 밤이 이슥하도록 까닭을 잊어버린 채 이 거
리 저 거리로 지향 없이 해매였다. 돈은 물논
한 푼도 쓰지 않았다. 돈을 쓸 아모 염두도 나
스지 않았다. 나는 벌서 돈을 쓰는 기능을 완전
히 상실한 것 같았다.

나는 과연 피로를 이 이상 견데기가 어려웠
다. 나는 거기수로 내 집을 찾었다. 나는 내 방
으로 가려면 안해 방을 통과하지 아니하면 안
될 것을 알고 안해에 래객이 있나 없나를 걱정
하면서 미다지 앞에서 좀 거북스살스럽게 기침
을 한 번 했드니 이것은 참 또 너무 암상스럽게
미다지가 열니면서 안해의 얼골과 그 등 뒤에
낫설은 남자의 얼골이 이쪽을 내다보는 것이
다. 나는 별안간 내어쏟아지는 불빛에 눈이 부
셔서 좀 머믓머믓했다.

나는 안해의 눈초리를 못 본 것은 아니다.
그렇나 나는 모른 세하는 수밖에 없었다. 왜?

33

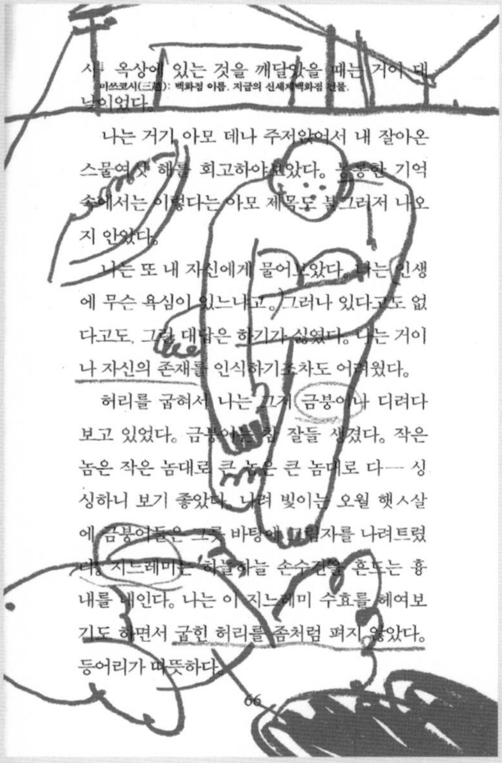

새 옥상에 있는 것을 깨달았을 때는 거의 대
미쓰꼬시(三越): 백화점 이름. 지금의 신세계백화점 전몸.
낮이었다.

나는 거기 아모 데나 주저앉어서 내 잘아온
스물여섯 해를 회고하야봤다. 몽롱한 기억
속에서는 이렇다는 아모 제목도 불그러저 나오
지 안았다.

나는 또 내 자신에게 물어봤다. 너는 인생
에 무슨 욕심이 있느냐고. 그러나 있다고도 없
다고도, 그런 대답은 하기가 싫었다. 나는 거이
나 자신의 존재를 인식하기조차도 어려웠다.

허리를 굽혀서 나는 금기 금붕어나 디려다
보고 있었다. 금붕어는 참 잘도 생겼다. 작은
놈은 작은 놈대로 큰 놈은 큰 놈대로 다— 싱
싱하니 보기 좋았다. 나려 빛이는 오월 햇살
에 금붕어들은 그 느 바탕에 그림자를 나려트렸
다. 지느레미는 하늘하늘 손수건을 흔드는 흉
내를 내인다. 나는 이 지느레미 수효를 헤여보
기도 하면서 굽흔 허리를 좀처럼 펴지 않았다.
등어리가 따뜻하다.

66

아름다운 곱슬머리의 요가강사 신혜. 그녀는 웃음이 많고 울음도 많은
사람이다. 풍성한 머리를 묶고 풀고 이리저리 흩어지도록 두는 모습이
영화 속 느린 장면처럼 보인다. 궁금했다. 이토록 자유로운 기운은
어디서 나오는 걸까. 언제나 원하는 것을 그리며 그것이 꼭 이루어질
것이라 믿는 일. 그 단단한 마음이 신혜의 주변을 가득 채운다.

다르게 걷는 일

김신혜—요가 강사

포토그래퍼 임정현

고양이가 저를 반겨 주네요(웃음). 요즘 잘 지내셨나요?
예쁘죠(웃음). 오묘한 색을 가진 고양이 '나나'예요. 저는
계속 정신없는 나날을 보냈어요. 본업으로 바쁘기도 했고,
제 곱슬머리 가지고 다양한 매체 활동도 병행했거든요.
일상을 꽉 채워 지내면서 《리얼리티 트랜서핑》이라는
책 내용을 떠올리고 있어요. 《시크릿》처럼 '말하는 대로,
원하는 대로 우리 인생이 움직인다.'라는 메시지가 담겨
있는 책인데 탄탄한 과학적 근거가 있어 신뢰하고 있어요.
물론 원하는 것이 있으면 그만한 노력도 함께 움직여야
한다는 것이 숨은 핵심이지만요(웃음). 요즘 이 책에서
말하는 대로 제 인생도 달라지고 있어요. 하루하루
놀라움의 연속이에요. 오늘 인터뷰를 하게 된 것도 제가
바라던 일 중에 하나였거든요.

**좋은 소식이네요. 요가도 그렇지만 곱슬머리가 신혜
씨만의 트레이드마크가 되었죠. 관련된 활동이 계속
이어졌는데 〈순간포착 세상에 이런 일이〉부터 예능
프로그램 〈식스센스〉에도 출연했어요.**
곱슬머리 하면 늘 웃긴 코드로, 루저의 특징으로 소비되는
경우가 많잖아요. '악성 곱슬'이라는 말도 있고요. 사실
치료해야 할 건 아닌데 그렇게 불리면서 부정적으로
인식되고 있죠. 함께 촬영한 프로그램들의 제작진분들이
제 곱슬머리를 콤플렉스가 아닌, 한 사람의 멋진 개성으로
표현해 주셔서 감사했어요.

**신혜 씨의 곱슬머리 역사가 궁금해지는데, 곱슬머리가
커다란 콤플렉스였다고 말한 적이 있어요.**
맞아요. 엄마 말씀으로는 초등학교 때까지만 해도
곱슬머리가 이 정도는 아니었다고 해요. 사춘기 시절
지나면서 완전히 뽀글뽀글한 머리가 되었는데, 미용실을
가면 이런 머리 본 적 없다고 다들 신기해할 정도였어요.
머리가 조금 자라면 매직으로 펴고 또 펴고 그렇게
지내왔어요. 당연하게 곱슬머리는 감춰야 하는 것으로,
잘못된 거라고 여겨왔죠. 머리를 길러볼 생각을 전혀 못
했는데 의외의 계기로 곱슬머리를 드러내게 되었어요.

어떤 계기였나요?
머리를 기른 지는 3년이 되었는데, 그 계기는 코로나19
때문이었어요(웃음). 코로나19로 갑자기 경제 사정이
어려워지기도 했고 허리디스크도 발병해서 도대체
언제까지 머리를 펴야 하나, 여러 가지 이유들이
맞물렸어요. 고민하다가 그냥 머리를 길러보기로 한 거죠.
머리를 하려면 비용도 많이 들거든요. 한 번에 30만 원씩
드는데 이상하게 비싸다고 생각해본 적도 없는 것 같아요.
늘 당연하게 여겼으니까요.

길러보니 어때요? 낯설기도 할 것 같아요.
유행이었던 히피 펌 정도일 거라고 생각했는데(웃음)
생각보다 더 많이 뽀글뽀글하더라고요. 요즘은 어떻게
하면 이 곱슬머리를 더 돋보이게 표현할 수 있을까,
고민하고 있어요. 한국 유튜버 중에 저랑 비슷한
곱슬머리를 하신 분이 있어서 먼저 연락을 드리기도
했어요. 정보를 찾고 싶은데 사실 한국에는 곱슬머리를
길러서 드러내는 사람이 거의 없어요. 계속 찾아봤는데
해외엔 머리를 아예 삭발하고 처음부터 다시 기르시는
분도 있더라고요. 그런 사례를 살피고 소통을 해보기도
했고요. 곱슬머리 커뮤니티에도 가입하게 됐어요. 기른 지
오래되지는 않았지만 제 삶은 완전히 바뀐 것 같아요.

어떻게요?
12년 동안 요가를 하면서 우울증이 많이 나아졌고,
진정한 내 모습이 무엇일까 고민하는 시간도 길었는데요.
곱슬머리를 드러내면서 확실해졌어요. 기를수록 원래 제
모습과 점점 더 정면으로 마주하는 기분이 들었어요. 제
곱슬머리를 부정했던 행동들이 곧 저의 시작점을 부정하는
것과 같다는 것도 알게 됐고요. 아무래도 요가를 통해
계속 자아에 대한 수련과 공부를 이어갔던 게 도움이
되었어요. 이제는 이 모습이 나구나, 하고 그냥 바라봐요.
마음이 너무 편하고요. 지금까지 제 원래 머리를 감추면서
받았던 크고 작은 상처들이 씻겨 내려가는 기분이었어요.
뭔가 해방되는 것 같은, 벅찬 마음이 제 안쪽에서부터 막
몰려왔어요.

**있는 그대로의 자신을 받아들이게 되었네요. 가장
어려운 일이죠. 그 과정에서 요가 수련이 큰 바탕이 된
거군요.**
그렇죠. 내려놓고, 나 자신을 바라보고…. 이런 작업들이
다 요가 수련을 통해 제 안에서 일종의 프로세스처럼 잘
훈련되었던 것 같아요. 연습의 과정들이 쌓여서 지금의
편안한 상태를 조금 쉽게 맞이할 수 있었던 거죠. 콤플렉스
이야기를 하니까 오래전에 사라진 제 덧니도 생각나네요.
사실 저는 덧니가 그렇게 콤플렉스는 아니었는데 엄마가
꼭 고쳤으면 좋겠다고 권유하셨어요. 그래서 뽑았는데
그 덧니를 매력적이라고 말하는 사람도 있었거든요.
요가 강사 일을 하면서 함께 수업하는 회원분들을
보면서도 깨달아요. 다들 가지고 있는 아름다운 개성들을
콤플렉스라고 생각하시더라고요. 그런데 제가 봤을 때는
정말 예쁘고 특별한 매력점처럼 보이거든요. 우리가
스스로 인식하고 있는 단점은 결국 다른 것이고, 그게 정말
소중하고 고유의 장점인데 다들 그걸 모르고 살고 있는
것 같아요. 저도 그랬고요. 곱슬머리로 주목을 받으면서

평소에 제가 이야기하고 싶었던 가치들이 더 널리
전달되는 것 같아 즐겁기도 해요. 제 이야기에 귀 기울여
주시는 분들이 많아졌으니까요.

**이제 요가 이야기를 더 해볼까요? 요가는 언제 처음
시작했나요?**

12년 전 첫아이를 가졌을 때였어요. 집에서 옥주현 요가
비디오를 보고 간간이 따라 하는 정도였는데, 당시 살던
곳이 서울 근교의 시골 동네였거든요. 길에 있던 전단지를
보고 요가 수업을 한다길래 무작정 찾아갔어요. 처음엔
조금씩 해보는 정도였는데 육아로 산후우울증을 겪으면서
점점 요가 하는 시간에 의지하게 됐어요. 아이를 키우면서
힘든 일이 정말 많았거든요. 아이가 계속 우니까 잠도 못
자고, 출산 전의 제 외적인 모습이 너무 그립기도 했고요.
매일 거울 속 아기 눈물로 젖은 옷을 입은 저를 마주하면서
혼자 속으로 삭이며 힘든 시간을 보냈어요. 그 와중에
요가를 하는 시간이 정말 많은 위로가 됐어요. 나에게
집중하고 나를 위한 마음으로 가득 채워가는 그 시간이
무척 소중했죠. 점점 수련이 깊어졌고 그렇게 지도자
과정까지 이수하게 된 거예요.

**요가를 통해 자기 자신을 구한 셈이네요. SNS를
살펴보니 다양한 장소에서 요가를 하시는 것 같았어요.
산책 중에도 요가를 하나요?**

그럼요. 요가와 산책은 떼놓을 수가 없어요. 요가를
시작하면서부터 산책의 즐거움을 알기도 했고요. 사실
20대 때는 세상의 '노는 법'은 술 마시고 연애하는 것만
있는 줄 알았거든요. 요가를 하면서 숲 명상으로 이어졌고
산책을 즐기게 되면서 자연 속에 스며들어 그 아름다움과
마주하는 기쁨을 깨닫게 된 거예요. 감각이 섬세해지면서
나무 사이로 보이는 햇살, 맑게 들리는 새소리처럼 산책
중에 발견하는 작은 요소에 귀 기울이게 됐고요. 사람이
많은 공원에서 명상을 할 때도 있고, 여행 가서도 요가를
빼놓지 않으려 해요. 제주도 바다에 갔을 땐 백사장에서
물구나무를 서고, 간단한 수련을 했어요. 물론 요가원
환경이 더 쾌적하고 좋지만 자연에서 하는 요가는 저
자신에게 더욱 집중하는 데 도움이 돼요. 주변의 다양한
감각에 영감을 받으니까요.

요가를 가르치는 일은 어떤지 궁금해요.

강사가 천직인 것 같아요(웃음). 항상 제 이야기를 밖으로
꺼내고 싶은 욕구가 있었거든요. 수업을 진행하면서
수강생분들께 전하는 문장들로 그 욕구를 나름대로
해소하고 있어요.

**주로 어떤 이야기를 하나요? 요가는 명상에 도움을 주는
말들이 특히 더 중요한 것 같아요.**

기본적으로 요가 동작과 육체 변화에 관한 이야기를
하지만, 주된 테마는 매트 위에서 벌어지는 일들이 우리의
삶과 맞닿아 있다는 메시지예요. 중심이 필요한 자세를
하면 몸이 부들부들 떨리고 후굴 동작을 할 때는 숨이
턱 막힐 때가 있거든요. 고난이도 동작을 하는 순간에
꼭 하는 말이 있어요. "지금 매트 안에서 일어나는 내
몸의 반응이나 들어오는 생각, 그리고 숨을 기억하세요.
일상에서 스스로 원치 않는 일을 마주했을 때와 아주
흡사할 거예요." 정말 그렇거든요. 요가는 우리 삶과 많이
닮아 있어요. 기승전결이 완벽한 운동이라서요. 요가
수업의 체계 자체가 몸 풀기로 부드럽게 시작해, 천천히
고조되면서 동작의 절정을 찍고 다시 천천히 내려와요.
마지막에는 죽음의 자세 사바아사나에서 마무리를 지어요.
제 수업을 듣는 수강생분들이 요가를 '나 자신을 탐구하는
여행'의 일종으로 받아들이셨으면 해요. 저는 그 여행에서
굵직한 길만 안내하는 가이드일 뿐이고 여행의 세부
일정을 짜는 사람은 자기 자신이라는 걸 깨닫길 바라요.
그리고 사실… 제가 웃기는 걸 좋아하거든요(웃음).
제 요가 수업이 너무 진지하지만은 않았으면 좋겠어요.
일상에서도 너무 진지한 이야기만 하면 대화가
무거워지잖아요. 그런 것처럼 조금은 단순하고 가볍게
수업을 이끌어 가려 노력해요.

**일로도 요가를 즐기고 있네요. 그래도 어쨌든 일이 되면
지치는 순간도 찾아올 것 같아요.**

물론 그럴 때도 있었죠. 이제는 그 시기를 다 지나온 것
같아요. 지금은 제가 원하는 것을 누구보다 잘 알고 있고,
요가와 일상의 균형을 잘 잡아 놓아서 권태를 느끼거나
지루해하지 않아요. 안 하고 싶은 날엔 그냥 안 하기도
하거든요(웃음). 강박을 내려놓은 거죠. 매트 위에서 그냥
울기만 한 적도 있어요. 요가를 하기로 정한 시간동안
아무것도 안 하고 보냈어도 매트 위에 있었다는 것만으로
저는 그날 할 수 있는 일을 했다고 생각해요. 놓아버리는
용기를 찾았어요. 그렇게 해도 크게 달라지지 않거든요.

**저는 요가를 평생 운동으로 생각하고 있는데 마음먹은
순간 부담스러워지더라고요. 요가원을 안 가는 날엔
주체적으로 움직이는 게 힘들기도 하고요.**

부담을 놓아야 할 수밖에 없어요. 집에서 요가를 하는 게
어렵다면, 일단 매트를 한구석에 늘 깔아두세요. 그리고 뭘
하든 거기서 시간을 보내는 거예요. 저도 그 부분이 항상
고민이라 홀로 수련하시는 선생님들을 찾아가 여쭤보면서
방법을 배워갔어요. 그리고 천천히 제 방식으로 맞추며

익혀갔던 거죠. 밥 먹는 거, 영화 보는 거, 친구랑 통화하는 것까지 매트 위에서 모든 걸 해보세요. 그러면 어쩌다 한 동작이라도 하게 되고, 그게 결국 습관으로 이어지게 될 거예요. 일상과 요가의 균형을 잡아가는 거죠. 저도 요가와 거리를 두고 싶을 때가 있었어요. 멀어지고 싶어서 다양한 운동을 배워봤는데 매번 요가로 돌아오게 되더라고요. 돌아보니 그게 슬럼프였던 건데, 그동안 저한테 가장 잘 맞는 움직임이 요가라는 걸 깨닫기도 했어요. 습관처럼 잡아간 행동들이 쌓여서 도움이 된 거죠.

요가는 자신을 알아가는 연습 같기도 해요.

그렇죠. 저에게 요가를 배우는 분들께도 항상 말씀드려요. 내가 뭘 원하는지, 몸이 무슨 얘기를 하는지 들어주는 게 가장 중요하다, 그것 자체가 수련이라는 걸 계속 상기하실 수 있도록 반복해서 말씀드려요. 간단하지만 정말 어려운 작업이니까요. 몇 번을 강조해도 지나치지 않아요.

요가 외에 다른 취미도 많으시죠. 글쓰기와 그림도 있고요.

요가는 저에게 생계를 유지해 주는 업이자 치유와 깨달음을 주는 존재이고 글과 그림은 말 그대로 휴식을 주는 취미예요. 요가를 할 때 저는 늘 선생, 전문가의 자리에 있어야 하잖아요. 저에게 요가를 배우시는 수강생 분들이 다치지 않게 신경을 곤두세워야 할 때가 있어요. 요가라는 매개를 통해 세상에 노출되는 사람이기도 하고요. 매개를 통해 세상에 노출되기도 하고요. 그래서 남의 시선을 의식하지 않을 수가 없는데 글과 그림에서는 프로페셔널 할 필요가 없어요. 창작의 일종이지만 절대 잘하려고 노력할 필요가 없죠. 저는 취미 생활을 통해서 제 속에 있는 걸 자꾸 꺼내어 표현하고 싶어요. 그걸 쉬는 일이라 여기고 있고요. 그리고 꾸미지 않는 게 중요해요. 오랫동안 프리랜서로 일하다가 직장 생활을 하면서 가식적으로 행동하고 있다는 생각이 들 때가 있거든요. 제 진짜 마음을 표현하지 못할 때가 더 많으니까 답답한 상황도 많이 생기고요. 쉬는 일 속에서는 누구보다도 솔직해지고 싶은 마음이에요. 아, 지금 떠올랐는데요. 한동안은 저 혼자 '자기 암시'를 거는 일도 취미처럼 여기기도 했어요.

자기 암시요?

네(웃음). 최근에는 좀 덜 했는데 예전에 래퍼 스윙스 하는 자기 암시 이야기를 듣고 엄청 매력적이라고 생각했어요. 결국 "나는 쩔어."라는 메시지를 계속해서 자신에게 각인하는 일인데, 조금 터무니없지만 도움이 될 때가 있어요. 처음에 말씀드린 《리얼리티 트랜서핑》과

이어지는 이야기이기도 하네요. 말하는 대로 제 삶이 흐르길 기다리고 행동하는 거죠. 요즘 제가 하는 자기 암시의 테마는 "나는 타인의 영감이다."예요. 전에 제가 그려진 그림을 선물로 받은 적이 있는데요. 그때도 정말 큰 보람을 느꼈어요. 누군가에게 그림을 그리게 하는 욕구를 일으켰다는 거니까요. 모델로 사진 작업을 의뢰받았을 때도 같은 맥락이었어요. 조기석 작가님이 촬영하는 프로젝트에 함께한 작업인데요. 그분이 열정적으로 일하는 모습을 보면서 제가 되려 영감을 받은 적도 있었어요. 타인에게 영감을 주고 저도 영감을 받는 그런 과정들이 즐거워요. 자기 암시를 계속 걸었더니 저도 모르게 바라던 길로 움직이고 있더라고요.

저도 자기 암시 시도해봐야겠어요(웃음). 훗날 가장 자유로운 모습으로 수련하는 신혜 씨의 모습을 상상하며 마무리해 볼까요?

음… '자유'를 생각하니 왠지 겨드랑이 털이 떠오르는데요(웃음). 지금은 회사를 다니고 있는데 회사생활은 곧 단체생활이잖아요. 단정한 용모를 유지해야 하기 때문에 겨드랑이 털을 꼭 정리하고 있거든요. 그런데 저는 정말 자르고 싶지 않아요(웃음). 자연스러운 모습 있는 그대로 살아가고 싶은데 그렇지 못해서 겨드랑이 털 제모는 숙제 같은 느낌이에요. 저한테 겨드랑이 털을 기르는 일은 자유를 완성하는 의미가 있는 거죠. 할머니가 되어 요가를 할 땐 있는 그대로의 저를 보여주면서 수련을 할 수 있지 않을까, 막연히 기대하고 있어요.

신혜는 요가가 우리의 삶을 그대로 옮긴, 그래서 스스로를 이해할 수밖에 없는 작업이라 말한다. 그녀가 가장 좋아하는 동작은 '사바아사나'. 요가 순서의 시작과 끝에 위치하는 일명 '송장 자세', '죽음의 동작'이다. 몸에 힘을 빼고서 오롯이 호흡만을 이어가는 동작이지만 내면에 가장 커다란 움직임을 준다. 고생한 몸을 잠재워 가장 포근한 상태로 돌아가는 일과 같다. 사바 아사나를 받아들이는 태도는 어쩌면 자신을 받아들이고 삶을 이해하는 방식을 배우는 과정일지도 모르겠다. "우리는 누구나 공평하게 죽음을 향해 달려가고 있어요. 그걸 어떻게 받아들일 것인지, 그 마음가짐을 수련하는 것도 인생의 중요한 업이라고 생각해요. 어쩌면 이 동작을 하기 위해서 지금까지 움직인 것이죠."

담갈색 천에 새긴 촘촘한 땀에서 표뵤뵤의 선율을 읽는다. 작은
소지품을 담기 위한 '산책 가방'에서 출발한 이 브랜드는 강릉 바다에서
길어 올린 '표뵤뵤뵤….' 소리를 담아 이다지도 안온한 걸까.

담갈색의
고집을 담아

고우리—표뵤뵤

에디터 이주연
포토그래퍼 최모레

표뵤뵤, 발음마저 귀여운 이름이에요.
강릉에서 바다 산책을 하던 중에 남자친구가 물었어요.
"파도가 모래사장에 스며드는 소리를 들어본 적 있어?"
그 말을 듣고 귀를 기울이니 자그맣게 '표뵤뵤…' 소리가
들리더라고요. 나중에 브랜드를 만들기로 마음먹었을 때
문득 이 순간이 떠올랐어요. 표뵤뵤는 재봉틀로 만들 수
있는 것들을 열심히 만들고 있어요. 쓰임이 있길 바라는
마음으로 꾸려가고 있죠. 저는 그런 표뵤뵤를 운영하는
고우리입니다.

입을 오므리고 작고 보드랍게 말해야 할 것 같아요.
'표뵤뵤….' (고양이가 와서 머리를 부빈다.) 어?
"안녕하세요, 고겨울입니다(웃음)." 겨울이는 광화문
교보문고 앞에서 구조한 아이예요. 태어날 때부터 몸이
좋지 않아서 목소리가 안 나오는 친구인데, 아픔을 전부
이겨내고 지금은 덩치 큰 건강한 고양이가 되었어요.
사람을 너무 좋아해서 집에 수리 기사님이라도 오시면
놀아달라고 계속 머리를 부비는 고양이죠. 오늘 함께
이야기 나누고 싶어서 같이 출근했어요.

구조를 직접 하신 거예요?
네. 교보문고에서 광장으로 올라가는 계단에 사람들이
웅성웅성 모여 있는데 그 사이에 겨울이가 있었어요.
정말 조그마한 새끼 고양이였는데 눈에서 진물이 나고 딱
봐도 굉장히 안 좋은 상태였죠. 비까지 내리는 상황이라
더 안타까웠어요. 구조해서 집에서 키우는 고양이가 이미
너무 많아서 애써 못 본 척하고 지나갔지만 데이트하는
내내 제 표정이 좋지 않으니까 남자친구가 "걱정되면 다시
보러 가볼래?" 그러더라고요. 다시 갔더니 겨울이는 그
자리에 있고, 모여 있던 사람들은 없어진 상태였어요. 지금
제가 이 아이를 데려가지 않는다면 여기서 계속 관심만
받다가 아픈 고양이로 남지 않을까 싶어서… 즉시 가방에
넣고 바로 24시 동물병원으로 달려갔죠. 지금도 그때를
생각하면 남자친구에게 고마워요. 용기를 준 덕분에
이렇게 사랑스러운 고양이와 함께 살고 있으니까요.

**이렇게 만나서 반가워, 겨울. 이번 호 주제어가
'산책'인데, "모든 외출이 산책이 되는 마음으로
만듭니다."라는 문장이 퍼뜩 떠올랐어요. 첫 작업 이름도
'산책 가방'이었죠?**
산책이란 주제에 표뵤뵤가 떠올랐다고 해서 정말
기뻤어요. 몸이 많이 아프던 시절이 있었는데, 그때
유일하게 할 수 있는 게 30분 산책이었어요. 청계천
주변을 한 바퀴 도는 게 제가 할 수 있는 가장 중요한
일이었죠. 근데 산책할 때 들고 나갈 간단한 소지품을 담을

가방이 없더라고요. 유독 큰 가방이 유행하던 시절이라
시중에서도 작은 가방을 쉽게 찾을 수가 없었어요. 그래서
저만의 산책을 위해 작은 가방을 만든 거죠. SNS에
'산책을 위해 만든 가방'이라고 올리니 어떤 분이 만들어서
판매할 의향은 없는지 물으시더라고요. 책 한 권만 쏙
들어가는 가방이 너무 필요하다면서요. 사실 표뵤뵤는
그분의 한마디에서 시작됐어요.

**산책 가방을 만들 정도면 산책에 애정이 클 것 같은데,
우리 씨한테 산책은 어떤 의미예요?**
보통은 산책을 위해 멋있고 근사한 장소를 일부러
찾잖아요. 그런데 저는 산책은 좀더 간단한 일이라고
생각해요. '일상에서 내게 줄 수 있는 작은 시간'이라고
생각해서요. 그래서 멀리 가는 것보단 집 근처 거니는 걸
더 좋아해요. 매일 보는 길엔 무관심해지기 쉽지만 유심히
눈길을 주면 보이는 게 참 많거든요. 걸음의 속도를 조금
늦추면 숨어 있는 고양이들을 발견하는 즐거움을 만나기도
하고요. 시멘트 사이에서 핀 꽃을 보면 어찌나 대견하고
예쁜지, '귀엽고 대견해!' 하면서 기뻐지죠. 잘 관찰하며
다니다 보면 어제는 없던 돌멩이가 굴러온 것도 발견할 수
있어요. 늘 곁에 머무는 것들을 좀더 깊게 바라볼 수 있게
해주는 게 산책인 것 같아요.

요즘은 어떤 귀여움을 발견했어요?
최근엔 유난히 누군가 잃어버린 물건들을 자주 보게
돼요. 어느 날엔 길에 떨어진 스티커 사진을 주웠는데요.
예쁘게 찍힌 젊은 엄마와 아기의 사진이더라고요.
이걸 잃어버려서 얼마나 속상할까, 생각하니까 자꾸
감정이 이입되는 거예요. 찾아주고 싶어도 정보를 알
길이 없으니… 눈에라도 잘 띄라고 돌멩이 위에 잘
올려뒀거든요. 근데 얼마 뒤에 당근마켓에 그 사진이
올라왔어요. 잃어버린 사진을 찾았다면서요. 돌고 돌아
주인에게 찾아갔다니, 종일 기분이 좋았어요.

**덩달아 행복해지는 에피소드예요(웃음). 작업실이 참
따뜻해요. 재봉틀이랑 천 조각이 만드는 분위기인 것도
같고요. 음? (손가락으로 가리키며) 근데 이 기계는 뭐예요?**
이건 오버로크라고, 끝단을 처리해 주는 기계예요. 천 자락
끝부분의 올이 풀리지 않게 마무리해 주는 과정인데요.
보통 옷 안쪽으로 숨기는데, 표뵤뵤 작업 특징 중 하나가
오버로크를 밖으로 최대한 많이 꺼낸다는 거예요.
항상 안쪽에 있으니까 '얘네가 얼마나 밖으로 나오고
싶을까.'라는 생각이 들어서 꺼내주기 시작했어요. 또
다른 특징은 땀수가 무척 촘촘하다는 거예요. 땀과 땀
사이가 좁으면 작업하는 데 시간이 오래 걸리기 때문에

주변에서 땀수 좀 넓히라고 많이 조언해 주시는데요. 왠지 이 부분은 타협이 잘 안 돼요. 이런 특징들 덕분인지 가끔 "표묘묘만의 바느질이 있다."는 이야기를 듣는데, 그런 말들이 너무 감사하더라고요.

하나하나 직접 만드는 가방이다 보니 주인을 찾아갈 때마다 기분이 남다를 것 같아요.
맞아요. 어디에 가든지 무엇이든 잘 담아달라고 인사를 건네면서 조심조심 포장해서 보내요. 힘들게 노동해서 번 돈으로 제 물건을 사주시는 게 늘 감사해요. 지금 오브젝트에서 전시를 하고 있는데, 전시장에 찾아온 분이 얼마 전에 이런 이야길 해주셨어요. 고등학생일 땐 용돈 한 푼, 두 푼 모아서 표묘묘 가방을 샀는데 이젠 자기가 번 돈으로 살 수 있어서 기쁘다고요. 함께 시간을 보낸다는 생각이 들어서 감사하더라고요. 근데 그 마음과는 달리 제 가방을 멘 분들을 보면 왠지 못 본 척하게 돼요. 한번은 길에서 표묘묘 가방을 멘 분을 만난 적이 있는데요. 그땐 '바삐 가방을 만드는데도 왜 내 가방을 멘 사람은 한 번도 만난 적이 없을까.' 의구심이 들던 때이기도 했어요. 근데 막상 제 가방을 우연히 만나니까 심장이

'쿵' 내려앉더라고요. 아무 말도 못 하고 집에 와서 그 순간을 다시 생각해 보니 진짜 기뻤기 때문에 표출하는 방법을 오히려 모른 게 아닌가 싶더라고요. 지금도 제 가방 멘 사람을 봐도 아는 척은 하지 않아요. 제가 섣부르게 누군가의 어떤 순간을 방해할 수도 있겠다는 생각이 들어서요.

가방과 주인의 시간을 존중하는 거군요. 가방을 디자인할 때 애니메이션에서 영감을 받는다고 했죠. '만화 가방'을 만들기도 하고요.
어릴 때부터 만화책이랑 애니메이션을 정말 좋아했어요. 그래서 주인공들이 들고 다니는 아이템이나 물건을 보면서 같이 들고 다니고 싶다는 생각을 많이 했어요. 사실 표묘묘는 제가 좋아하는 것들로 이루어져 있어요. 제가 좋아하는 단어, 음악, 모양, 색…. 만화 가방 역시 그렇죠.

어떤 만화 좋아했어요?
너무 많아서 하나만 고르기가 어려운데, 가장 좋아하는 건 야자와 아이의 《내 남자친구 이야기》예요. 초등학생 때 만화책을 보면서 주인공인 미카코를 동경했어요.

미카코는 패션 디자이너가 되어 자기 브랜드를 갖는 게 꿈인 고등학생인데, 만화책을 보면서 '나도 재봉틀로 일하는 사람이 되고 싶다.' 꿈꾼 적도 있죠. 정말 그렇게 커버릴 줄은 몰랐지만요(웃음). 이 만화책은 지금 봐도 설레요. 내가 좋아하는 걸 만들었을 때 이런 기쁨이었지, 하고 미카코를 통해 느끼는 게 많아서요. 음, 그리고… 애니메이션도 너무 많이 좋아해서 하나만 꼽긴 어렵지만 〈카우보이 비밥〉과 미야자키 하야오 작품은 다 좋아해요. 하야오는 특히 작가를 너무 좋아해서 애니메이션보다 다큐멘터리를 더 많이 찾아봤어요.

어떤 점이 특히 좋아요?
본인이 하는 일에 타협이 없는 거요. 다큐를 보다 보면 '되게 무서운 할아버지다….' 싶거든요. 같이 일하는 어시스턴트들도 항상 겁을 먹고 있어요. 다큐를 보고 애니메이션을 보면 특히 더 잘 보이는 부분이 있는데, 하야오는 아이들을 무척 소중하게 생각해요. 전쟁에 반감도 커서 작품 곳곳에 전쟁을 비판하는 내용을 많이 담죠. 대표적인 게 〈하울의 움직이는 성〉(2004)이고요. 마냥 밝고 행복한 애니메이션을 만들기보다는 본인이 살아오면서 생각한 것들과 신념을 담아내는 게 멋지다고 생각해요.

그러고 보니 상품 소개를 곧잘 그림으로 해왔죠. 만화를 좋아하는 성향이 여기서도 엿보이는 것 같아요. 재미있는 건 그림 속 인물이 전부 할머니라는 점이죠. 제가 할머니 손에 자라서인지 할머니에 대한 애정이 커요. 사실 나도 멋진 사진을 찍어야 하나 고민한 적이 있어요. 온라인 편집숍에 입점하면서였죠. 그 큰 세계관에서 표묘묘가 살아남을 수 있을까 고민이 많았어요. 멋있고 깔끔한 이미지 사이에서 표묘묘는 좀 이질적으로 보이더라고요. 근데 조명 아래서 근사한 상품 사진을 찍자니 표묘묘가 그러는 건 너무 멋이 없게 느껴지는 거예요. 그것도 뜻이 있어야 멋있게 할 수 있는 일이니까요. 그러다 '왜 꼭 멋있는 사진으로 보여줘야 할까. 그림도 귀엽지 않을까.' 싶어서 그림으로 상세페이지를 만들기 시작했어요. 근데 정작 제 가방을 구매하시는 분들은 힘들어했죠. 사이즈나 느낌이 가늠이 안 되니까요.

상품 소개도 그렇고 상품명도, 이런 말 어떨지 모르겠지만… 참 표묘묘스러워요.
상품명도 사람들이 힘들어한 부분 중 하나예요. '에크루 크로스백' 같은 식으로 이름을 달면 그려지는 그림도 있고 이해도 쉬울 텐데 저는 굳이 한글로 풀어쓰기를

고집하거든요. '옆으로 메는 가방', '작은 것들을 위한 주머니', "'ㅁ'미음 가방"···. 색상 이름도 '아이보리'라고 하면 쉬울 것을 '담갈색'이란 표현을 계속 사용해서 처음엔 사람들이 담갈색이 도대체 무슨 색이냐고 많이 물어보셨어요. 기쁜 건 이젠 담갈색이 무슨 색인지 많은 사람이 알아주신다는 거예요. 제가 이렇게 고집을 부리는 이유는 표뵤뵤 세계를 제가 좋아하는 것들로 채우고 싶어서예요. 다른 사람이 보기에 조금 불편할지라도, 제가 좋아하는 언어들로 담고 싶었어요.

그게 표뵤뵤의 색깔을 만드는 것 같아요. 말씀하신 담갈색은 표뵤뵤의 대표적인 색이죠. 그런데 요새는 색이 들어간 작업으로 반경을 좀 넓힌 것 같아요.
담갈색이 표뵤뵤 색이라는 말 정말 좋아해요. 제가 가장 추구하는 색이자 잃고 싶지 않은 색이거든요. 비교가 될지 모르겠는데 미야자키 하야오 작품 중에 본인이 좋아하는 것만 넣은 애니메이션이 하나 있는데요. 그게 〈붉은 돼지〉(1992)예요. 이 작품은 본인이 추구하는 것들, 본인의 로망을 가득 담은 애니메이션인데 인기도 하위권이고 저평가되기도 했죠. 다큐에서 스스로 '실패한 애니메이션'이라고도 했고요. 어린아이를 위한 애니메이션을 만들지 못했으니 실패라고 이야기하지만

하야오는 〈붉은 돼지〉를 굉장히 좋아하거든요. 결국 저도 그런 거 같아요. 사람들이 색이 다양하지 않아 아쉬워하고 "검은색은 안 나와요?" 같은 질문을 계속해 오지만 제가 좋아하는 담갈색만을 고집하는 거죠. 근데 어느 날부터 제가 표뵤뵤를 좋아하는 사람들이 원하는 바를 채워주지 못한다는 생각이 들기 시작했어요. 그래서 색 작업도 한번 해보자 싶었어요. 다만, 색을 활용하더라도 모든 제품의 시작은 담갈색이고 거기서부터 색이 뻗어나가도록 만들자는 원칙을 세웠어요.

색 작업도 그냥 하는 것 같지는 않아요. 지구 색에서 본떠 파랑과 초록을 사용하는 것처럼 서사가 보여요.
의미 없이 예쁜 색이니까 만들자는 건 표뵤뵤의 가치관과 충돌하는 것 같았어요. 그래서 '이 색에 이름을 붙일 수 있으면 만들어 보자.'가 원칙이 되었죠. '지구 색이니까 파랑과 초록을 만들어야지.'가 아니라 '파랑과 초록에 지구 색이란 이름을 줄 수 있으니까 만들자.'가 된 거예요. 그러니까 색에 스토리를 부여할 수 있느냐가 중요한 거죠. 예전에 만든 가방 중에 망사로 된 '사토라레'라는 가방이 있었거든요. 그것도 파란색이라고 하면 되는 걸 굳이 '푸른 산호초 색'이라고 표현했어요. 만약 푸른 산호초라는 이름이 나오지 않았다면 아마 그 가방도 만들지 못했을

거예요. 제가 가방에, 색상에 이야기를 줄 수 있는지가 저한텐 꽤 중요한 일이거든요. 저한텐 가방이 스타일보단 이야기 개념이에요. 그래서 언젠가는 이야기가 끝나는 날이 온다고 생각하거든요. 가방들엔 언제나 끝이 있고, 다음 세대가 있다고 믿어요.

저 오늘 표뵤뵤 가방 메고 왔는데(웃음) 이제 이 가방도 안 나오죠?
안 그래도 '댄스댄스댄스댄스댄스댄스' 가방 메고 오신 거 보고 무척 반가웠어요. 섣불리 인사는 못 했지만(웃음). 가방을 단종하는 데는 여러 이유가 있어요. 원단이 나오지 않아서, 만들기에 손이 너무 많이 가서, 줄 수 있는 이야기를 다 주어서…. 이 가방을 단종한 건 좀 다른 이유였는데요. 표뵤뵤 대표 글씨체로 위안부 할머니 서체를 사용하고 있거든요. 예쁘기도 하지만, 아픈 과거를 잊지 않기 위해 사용하는 거기도 해요. 근데 종종 가치관이 부딪칠 일이 생겨 고민이 많아지더라고요. 제가 좋아하는 건 결국 일본이 너무 많아요. 좋아하는 만화도 그렇고, 좋아하는 작가도 하야오고요. 좋아하는 것들을 외면할 순 없겠지만 되도록 일본어가 적힌 제품은 그만 만들어야겠다 싶어서 멈추게 되었어요. 댄스댄스댄스는 제가 정말 좋아하던 가방이어서 단종하기 정말 아쉬웠어요. 어느

옷에 들어도 잘 어울리는 가방이었고 사랑도 많이 받았거든요. 그렇지만 이젠 끝을 내야겠다고 생각했죠.

표뵤뵤만의 신념을 지키기 위해서였군요.
맞아요. 한번은 '에반게리온'이라는 만화 가방도 만들었는데… 준비하는 데 1년이 걸린 가방이거든요. 〈에반게리온〉에 나오는 로봇을 가방에 어떻게 녹여낼지 고민을 정말 많이 했어요. 딱딱한 가방은 만들고 싶지 않아서 로봇의 기체 느낌을 주려고 원단 안에 엄청나게 많은 걸 넣었죠. 로봇과 동일한 색상의 원단을 찾기 위해 시장을 얼마나 돌아다녔는지 몰라요. 1년을 준비해서 기쁜 마음으로 공개했는데, 2주 뒤에 〈에반게리온〉 그림 작가가 위안부 할머니에 대해 불미스러운 글을 트위터에 올리는 바람에 판매를 중단하게 되었어요. 마음 같아선 못 본 척하고 팔고 싶기도 했어요. 이 만화에 대한 애정이 워낙 크고, 정말 오래, 열심히 준비했거든요. 근데 여기서 외면해 버린다면 할머니들 얼굴을 못 볼 것 같았어요. 제가 말해 온 모든 게 가벼워질 것 같았죠. 그래서 욕심내지 말자고 생각하면서 판매를 중단했어요. 수익금은 전부 기부했고요. 그 이후론 만화 가방을 만들 땐 작가 조사를 철저하게 해요. 그래서 하야오에 대해 더 많이 파고든 거고요.

이젠 작가가 어떤 마음으로 한국을 대하는지가 무척 중요해졌어요.

물론 이유가 있어서지만 끝을 두려워하지 않는 것처럼 보이기도 해요. 가방에 이야기가 있고, 거기엔 끝이 있다고 말씀하셨죠. 혹시 미련이 없는 편이에요?
오히려 그 반대예요. 미련이 너무 많아서 끝을 낼 수 있는 것 같아요. 저는 영화를 보더라도 여운이 있는 작품이 좋아요. 저 너머 이야기를 상상하고 싶어서요. 영화는 작가와 감독이 스토리를 만들어 준 거라면, 그 뒤 서사는 제가 만들 수 있잖아요. 가방도 마찬가지예요. 가방의 이야기는 끝났어도 그 가방을 멘 사람이 지구상에 한 사람이라도 존재한다면 그 가방의 이야기는 계속될 테니까요.

최근에 '점, 선, 면—옆으로 메는 가방'을 구입했는데, 무척 사소한 부분까지 신경 썼다는 느낌이 좋았어요. 책을 꽂을 수 있는 주머니, 제목이 보이는 크기….
읽는 책이 한 사람의 취향을 대변해 준다고 생각해서 가방 주머니에 책을 꽂았을 때 제목이 보이게 만들고 싶었어요. 가방의 생김새나 쓰임은 보통 제 생활 습관에서 비롯돼요. 저는 예전에 경기도에 살아서 지하철을 오래 탈 일이 많았고, 대중교통에선 주로 책을 읽었는데요. 뒤로 메는 가방일 땐 책을 꺼내는 과정이 불편하고 번거롭더라고요. 다시 앞으로 메고, 주머니를 열고, 책을 꺼내야 하니까요. 그래서 책을 빨리 꺼낼 수 있는 위치가 어딜까, 크기는 얼만하면 좋을까, 연구하면서 가방을 만들었어요. 제가 책을 쉽게 꺼내고 싶어 하는 사람이니까 안전하게 책을 꽂고 꺼낼 수 있는 구조를 떠올리며 작업한 거죠.

표보보 계정에 종종 '오늘의 음악'이 올라와요. 가방을 만들 때 음악에서 단어를 뽑아서 만든다는 이야기도 들었어요.
취미가 음악 듣기라고 하면 되게 고리타분한데… 그게 저예요(웃음). 어릴 땐 일본 음악 가사가 한국 음원 사이트에 제대로 들어와 있지 않아서 매일 밤 12시에 Mtv를 챙겨봤어요. 제이팝을 소개하는 프로그램이 있었거든요. 수첩을 들고 티브이 앞에 앉아 일본 가수 이름과 노래 제목을 다 적고 소리바다에서 다운받곤 했는데, 제 일상의 큰 기쁨이었죠. 그게 아직 습관으로 남아서 지금도 음악은 제목을 제일 먼저 보게 돼요. 그다음엔 가사를 보는데, 문장보다도 단어를 집중해서 보는 편이에요. 귀에 꽂히는 단어가 있으면 '단어 수첩'에 옮겨 적기도 하고요. 음악뿐만 아니라 길에서 우연히 들은 단어, 책에서 본 단어 등등 기억에 남는 단어는

뭐든 적어요. 수첩에 적힌 말들은 집에 오면 꼭 검색을 해보고요. 작은 단어도 하나씩 파고들면 엄청난 힘이 있다는 게 느껴지거든요. 그러다 확 다가온 단어는 가방이 되기도 하죠. 최근에 귀엽다고 느낀 단어는 '시간'이에요. 의미를 찾아보니 "시각과 시각 사이"라는 뜻이더라고요. 시간은 흘러가는 건데 시각과 시각 사이라고 표현한 게 귀엽고 예뻐서 피식 웃었어요. 가방 이름을 한글로 하는 이유도 단어 뜻을 찾아보면서 애정이 붙어서인 것 같아요. 한글에 유독 재미있는 표현이 많거든요.

손잡이 가방, 옆으로 메는 가방… 표보보의 그런 방식이 오래 지켜지면 좋겠어요. 옛날엔 멋진 직업을 가진 사람들이 좋아 보였는데 지금은 30-40년 이상 운영해 온 세탁소 주인이 더 멋있어 보인단 이야기한 적 있죠. 30년 뒤 표보보는 어떤 모습일 것 같아요?
실제로 세탁소를 차리려고 한 적도 있어요. '젊은 사람이 운영하는 세탁소' 되게 괜찮지 않나요? 근데 동네 세탁소 어머님이 엄청 반대하셨어요. 젊은 나이에 세탁소에 있지 말고 더 많은 걸 보라고요. 그러고도 세탁소가 하고 싶으면 더 나중에 자신을 찾아오라고요. 그 얘길 들으니까 어른인데도 감히 사랑스럽게 느껴지더라고요(웃음). 사람은 나이가 들면서 조금씩 취향이 변하는 것 같아요. 어르신들이 진달래색과 꽃무늬를 좋아하게 되는 것처럼요. 30년 후에도 표보보를 경험해 주신 분들과 함께 나이 먹으면서 변해가는 취향을 공유하고 싶어요. 나중엔 저도 진달래색 가방을 만들고 있을지도 모르고… 가방이 아니라 이불을 만들 수도 있겠죠? 아마 그때그때 저한테 필요한 제품군을 재봉틀을 돌리며 만들고 있을 것 같아요. 표보보란 이름의 세탁소를 하고 있을지도 모르고요!

"손잡이 가방을 들면 가방이랑 손을 잡는 것 같고, 어깨에 메는 가방을 들면 가방이 저한테 기댄 것 같아요. 가방의 정말 예쁜 점은 자기가 가진 공간을 최대로 활용해서 짐들을 담아준다는 거예요. 뭘 담더라도 잘 담아주는 가방이면 좋겠어요." 어깨에 걸친 표보보 가방을 내려 그 안에 담긴 것들을 바라본다. '무릇 산책이란 이런 거지.' 생각한다. 작고 평범한 걸음이 모여 만드는, 아주 보통의 어떤 것.

어느 맑은 오후, 서촌의 오래된 카페에서 김종관 감독을 만났다. 원래 약속 장소에
자리가 마땅치 않아, 새로 찾아 들어간 카페는 그의 영화 〈최악의 하루〉(2016)에 나왔던
공간이었다. 어쩐지 익숙하게 느껴지는 자리에 앉아 영화와 산책, 걸으며 담아냈던 그의
영화 속 곳곳을 함께 돌아보았다. 김종관 감독의 영화에 등장하는 사람들은 말이 느리고
걸음은 쓸쓸하다. 온화한 보폭, 조금씩 늘어지는 산책자의 시간처럼 그의 영화는 흐른다.

걷는 듯 흐르는 영화

김종관—영화 감독

에디터 김지수

듣는 사람의 산책

〈아무도 없는 곳〉

ⓒ 〈아무도 없는 곳〉

ⓒ 〈하코다테에서 안녕〉

ⓒ 〈최악의 하루〉

이야기를 만드는 소설가 창석은 유랑하듯 걷는다. 지하철 역사의 오래된 카페, 쓸쓸한 공원, 어두운 바, 서촌의 북적이는 카페까지. 영화 속 공간은 익숙하지만 어딘가 낯설게 느껴진다. 오랜 외국 생활 끝에 한국으로 돌아온 그는 네 명의 인물을 만나 대화를 나눈다. 상실을 안고 살아가는 사람들은 창석에게 자신의 이야기를 꺼내 놓는다. 그들의 이야기를 가만히 듣던 창석은 가끔 자신이 지어낸 이야기를 풀어 보이며, 아무도 없는 곳에서 홀로 변화한다.

"〈더 테이블〉(2016)을 촬영하다가 떠올린 이야기예요. 하루 동안 한 테이블에서 벌어지는 여러 대화를 담은 영화인데요. 주고받는 대화지만 한 사람이 듣는 구성이면 어떨까, 듣는 과정에서 그 사람의 내면이 변하는 결말을 상상하며 창석을 떠올렸어요. 영화에는 여러 공간이 등장하는데 평소 제 공간적 취향이 묻어나 있기도 해요. 모두 익숙한 곳들이었지만 표현하는 방식은 조금 달랐고요. 실제로 〈최악의 하루〉에 등장한 골목과 같은 장소가 나왔지만 〈아무도 없는 곳〉(2021)에서는 다른 곳처럼 보이도록 표현했거든요. 빛과 그림자로 따지면 이 영화는 그림자에 속하는 영화예요. 경희궁 뒤편에서 창석과 출판사 편집자 '유진'이 담배를 피우며 대화를 나누는 장면이 있는데, 오후 산책을 하다 보면 해가 지면서 금방 어두워지는 시기가 있잖아요. 많은 사람들이 어둠을 두려워하는데 저는 반대로 어둠을 편안하게 받아들이는 경향이 있어요. 마음을 어지럽히는 것들을 어둠이 감춰주고 안아준다는 느낌이 들어서요. 호흡이 긴 원신원컷을 찍는 동안 빛이 점점 어두워지는 순간을 기록했죠. 제가 느낀 어둠의 부드러운 이면을 그 장면에 담아내려 했어요. 창작을 위해 산책을 하지는 않지만 종종 걸으며 느끼는 것들을 영화 속에 담곤 해요. 걷다 보면 거리에 흩어진 다양한 공간의 변화와 마주할 때가 있잖아요. 산책으로 미묘한 주변의 변화를 읽는 것처럼 영화 속 공간을 표현하는 방식을 달리하는 거예요."

헤어짐 속의 산책

〈하코다테에서 안녕〉

"우리가 이미 늙었다면 헤어지자는 말 따위는 안 했겠지."
"그러니까 오래 기억해 하코다테. 우리가 같이 있던
세계, 여기 거리, 그 길들." 헤어지는 남녀의 목소리와
하코다테의 아름다운 거리. 영화는 눈 속을 걸으며 누군가
남겼을 오래된 흔적을 찾아 이동한다. 이별 앞에 선 이들의
마음을 조용히 산책한다.

"하코다테를 소개하는 영화예요. 예산이 적은
프로젝트라 친한 스태프들과 가벼운 마음으로
촬영하고 싶어서 하코다테로 출발했어요. 떠나기
전에 그 동네의 풍경을 상상하면서 시나리오를
썼죠. 유튜브로 공부도 하고(웃음), 어느 동네든
버스 정류장은 있을 테니까 머릿속으로 큰
장소들을 설정했어요. 막연하게 눈이 오길 바라며
삿포로의 신치토세 공항에 도착했어요. 차를 타고
하코다테로 가는 데만 대여섯 시간이 걸렸어요.
가는 동안 눈이 안 와서 걱정했는데 밤이 되어
근처에 도착하니 눈이 내리기 시작하더라고요.
운이 좋았죠. 첫날 오래된 영국 대사관 주변 찻집의
창밖으로 보이는 큰 나무에 눈이 내리는 풍경을
발견했어요. 긴 테이크로 촬영하면서 첫 장면으로
결정했죠. 눈은 내리면 내릴수록 세상 거리의 모든
걸 감추는 신비한 매력이 있어요. 아무리 익숙한
풍경도 달리 보이게 하는 역할도 하고요. 대부분의
컷들이 그런 공간들을 사냥하듯 떠다니며 수집한
영화예요. 말 그대로 걸으면서 찍은 영화였죠.
사전에 계획된 것들이 없어서 순발력이 중요했고요.
전체적으로 눈과 노란색의 대비가 아름답게 담긴
영화인데, 영화를 찍다 보면 '우연'을 오롯이 내
편으로 만들어야 할 때가 있어요. 이 영화엔 그
우연을 잘 녹인 장면이 있죠. 길에서 우연히 노란색
우산을 발견해서 기차 건널목에 우산을 펼쳐 놓고
촬영했는데요. 바람에 우산이 흔들리는 모습이
마치 춤추는 것처럼 아름답게 보이더라고요. 그때
이 장면이 영화가 될 수 있겠다는 확신을 얻었어요.
영화를 만드는 과정에는 나쁜 우연도 많지만
그것들마저 안으로 끌고 와 좋은 우연으로 만들어야
할 때가 있어요. 〈하코다테에서 안녕〉(2019)은 길
속에서 좋은 우연과 나쁜 우연을 발견한 영화예요."

솔직한 오늘의 산책

〈최악의 하루〉

서촌의 골목길과 남산 산책로. 해가 맑은 날씨와 오늘.
은희는 걷고 또 걷는다. 연기를 배우는 그녀는 작은
거짓말이 일상적인 여자다. 퇴로가 없는 길 위에서
방황하듯 산책하지만 그 길 끝에는 뜻밖의 아름다운
장면이 기다리고 있었다. "저 길에 눈이 내리고 한 여자가
걸어옵니다. 무표정하게 내리는 눈 사이를 걸어오다가
뒤를 돌아봐요. 어두워진 저 산책로 너머로. 하지만
안심하세요. 이 이야기는 해피엔딩입니다."

"은희는 온종일 거리를 걷는데 변하는 상황에 따라
걷는 속도와 모양이 달라져요. 화나서 걷고 슬퍼서
걷고 도망가기 위해서 걷고 쫓아가려고 걷고 그냥
산책을 하기 위해서 걷기도 하고요. 계속 변하는 한
사람의 걸음이 잘 드러날 수 있는 공간을 배경으로
했어요. 한 장소에 다양한 모습이 있듯 사람도
마찬가지예요. 영화에서 은희는 계속 거짓말을
하고 있지만 사실 그 순간순간 진심이었기도
하거든요. 누구나 여러 태도를 가지고 있잖아요.
만나는 사람에 따라 성향이 바뀌듯 행동하고요.
이런 주제를 공간 안에 놓인 인물과 함께 비유하듯
말하고 싶었어요. 〈최악의 하루〉(2016)는 현실적인
연애 이야기와 어쩌면 거부감이 들 만한 설정들이
연속된 영화지만 그게 너무 눅진하고 버겁게
표현되지 않길 바랐어요. 누군가에게는 영화 속
최악의 상황들이 내 상황처럼 보일 수 있으니까요.
오래 전에 작업했던 〈폴라로이드 작동법〉(2005)도
첫사랑의 감정을 표현하는 영화인데, 저는 첫사랑을
떠올리면 무력하고 슬프고 자기 제어가 되지
않던 감정이 또렷해요. 당시엔 그 마음이 되게
창피했는데 이토록 수치스러운 감정도 영화 속
표현되면 재미있는 요소가 되는 경향이 있어요.
은희는 오늘 최악의 하루를 보냈지만 돌아보면
그렇게 최악은 아니었다, 나중엔 별거 아닌
하루였다고 생각할지도 모르죠. 영화 속 길들을
이야기와 대비하듯 산뜻하게 표현한 이유도 거기에
있어요. 오늘은 어쨌든 흘러가 버리는 하루이며
우리는 그렇게 무수한 실수와 이불 킥을 할 만한
사연들을 겪으면서 결국엔 나아가는 거예요."

익숙하고도 낯선 길 위에서

거미줄 쳐진 침대, 외딴 시골 정류장, 녹음진 거리의 아이들, 깨진 유리잔과 낡은 의자. 김종관 감독이 산책하며 수집한 사진에는 늘 서사가 담긴다. 한 장 안에 누군가의 기억과 마음과 감정과 흐르는 시간이 묻어난다. 그의 영화 속 길 위에서 목격한 익숙하고도 낯선 기록들. 오래전 나의 어떤 하루를 문득 떠올려본다.

ⓒ 김종관

를 그랬다. 좋은 일은 분밖에 없었나. 열 번 중 아홉 번은 그저 그럴지도 모르지만 열 번 중 한 번은 꽤 좋은 일들이 생긴다. 그 한 번들에 대한 이야기를 해보고 싶다.

오늘 당신에게
좋은 일이 있을 겁니다

아르마스 광장

좋은 일을 찾아서 문을 열고 집을 나서 가장 멀리 간 적이 있다. 꽤 오래전의 일이다. 페루 마추픽추로 가는 길목에 있는 도시 쿠스코는 많은 여행객들이 남미에서 가장 아름다운 도시로 꼽는 곳이다. 다른 여행자들과 조금 다른 의견을 제시하고 싶지만, 쿠스코에 들어선 순간 동의할 수밖에 없었다. 과거 잉카 제국의 수도였던 쿠스코는 어느 골목이나 다 아름다웠다. 모퉁이 하나라도 놓칠 새라 부지런히 도시를 걸었다.

아름다운 쿠스코 중심가에 작은 광장이 하나 있다. 광장의

썩 오만한 생각이지만 조용히 확신했다. 저 생각을 하던 1초. 하루 86,400초 중 1초. 1년 31,536,000초 중 1초. 이 짧은 시간만큼은 나는 이 지구에서 가장 행복한 사람이었다. 발등까지 찰방찰방 물이 고이던 우유니 소금 사막에서 까만 새벽을 보내며 해가 뜨는 걸 기다리고, 다시 해가 지는 걸 지켜보고, 밤이 되어 머리 위와 발아래에 함께 반짝이는 은하수를 볼 때도, 마추픽추 잔디밭에 드러누워 챙겨 간 샌드위치를 먹을 때도, 타는 듯한 멕시코 태양 아래서 타코를 먹을 때도 나는 정말 좋았지만, 지구에서 가장 행복하다는 생각까지는 들지 않았다.

아르마스 광장을 걷던 그때 나는 긴 여행의 정중앙에 있었다. 지금 해온 여행만큼 앞으로의 여정이 남아 있었고,

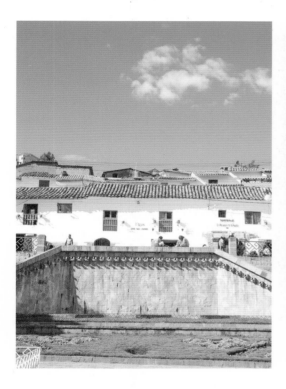

이름은 아르마스. 아르마스 광장 북쪽으로는 대성당이, 동쪽으로는 자주 가던 카페가, 남쪽에는 여행사가, 서쪽에는 숙소가 있었다. 숙소와 식당, 카페, 유적지 등 도시 곳곳을 오가며 쿠스코에서 지내는 동안 하루에도 여러 번 낮이고 밤이고 광장을 가로질러 걸었다. 광장에는 여러 가지 꽃이 어우러져 피어 있었고, 곳곳에 벤치가 놓여 있었다. 그리고 벤치에는 늘 앉을 자리가 있었다. 그곳에 앉아 친구를 만나고, 책을 읽고, 아이스크림도 먹었다. 며칠이 지나자 광장을 중심으로 쿠스코 지도가 머릿속에 그려졌다. 햇볕이 길게 반짝이던 어느 오후 무심하게 아르마스 광장을 가로질러 걷다가 이런 생각이 들었다. '지금 이 순간 지구에서 내가 가장 행복할 것 같아.'

여행자라는 신분에 충분히 적응한 상태였다. 남은 여행에 대한 아쉬움보다 지나온 여행에 대한 뿌듯함이 컸다. 처음엔 무겁고 부담스럽기만 했던 20리터 배낭을 메고, 남은 생 내내 어디든 갈 수 있겠다는 자신감도 붙을 때였다. 어떤 상황에서도 잘 자고 잘 먹고 잘 싸는 편이었지만, 아마 그날은 더더욱 그랬을 거다. 걱정거리도 거의 없던 드문 날이었을 것 같다. 여행 중이라고 해서 걱정이 없는 건 아니니까. 여행을 하는 동안에도 나는 늘 한국의 가족을 걱정했고, 두고 온 고양이를 생각했으며, 한국 정세에 대한 불안을 놓지 못하고 있었다. 아마도 그날, 나는 잘 먹고 잘 자고 잘 싸고 가뿐한 몸으로 잠깐 한국을 잊고, 아르마스 광장을 걷고 있었을 것이다. '아마'라는 부사를 덧붙이고

'했을 것이다.'라고 애매하게 말하는 이유는, 이제 시간이 많이 흘러 구체적인 상황까지는 잘 기억이 나지 않기 때문이다. 다만, 그 순간 들었던 마음만큼은 생생하다. 쿠스코 아르마스 광장에서 경험한 '이 순간 내가 가장 행복하다.'는 확신은 몇 번 반복되며 습관이 되어 이후 여행을 더 즐겁게 만들어주었다. 상대적이며 절대적인 행복을 확신하는 조금 오만한 습관을 갖게 된 것만으로도 나는 그때 그 여행을 잘했다고 생각한다. 경험은 대체로 돈 주고 살 수 있지만, 습관은 살 수 없는 것이니까.

남벽분기점

여행에서 돌아와 특별하지 않은 일상을 보내면서도 종종 '지금 이 순간 내가 가장 행복하다.'는 생각을 하곤 한다. 대부분 아주 대단한 순간들은 아니다. 가장 최근에는 한라산 남벽분기점에서 느꼈다. 인적 없는 남벽분기점 덱에 멍하니 앉아 한라산 자락을 바라보며 보냉병에 싸 간 차가운 화이트 와인을 한 모금 마시던 평일 오전 9시 반. 지금 이 순간 최소한 한국에선 내가 제일 행복할 거란 확신이 들었다. 나는 지금 제주도에 살고 있고, 등산을 잘 하지 못하는 나도 남벽분기점까지는 두세 시간 정도 걸으면 닿을 수 있으며, 한적한 한라산을 만나기 위해서는 조금 일찍 일어나 집을 나서면 된다. 어려운 일이 아니다. 그리고 알고 있다. 똑같은 시간에 일어나 같은 와인을 싸 들고 그 모습 그대로 남벽분기점에 앉더라도, 다른 날은 다른 마음일 수 있다는 걸. 아무튼 스쳐 지나가는 좋은 순간을 얼른 잡아서, '지금 내가 제일 행복하다!'고 생각해 버리는 습관은 나를 여러 번 살렸다. 그리고 생각해 보면 그런 순간들은 대부분 예상하지 못한 때 우연히 만난다. 걷고 있거나 걷다 쉴 때. 많은 풍경을 지나왔고, 새로운 풍경을 만날 예정인 그 때 나는 대체로 찰나의 행복을 낚았다. 여기까지 쓰고 운동을 다녀왔다. 차로 가면 2분 정도면 닿는 거리에 체육관이 있다. 인도가 제대로 조성되어 있지 않아 주로 차를 운전해 갔는데 오랜만에 걸어가기로 했다. 10분 남짓 걸으며 하얀 꽃이 활짝 피어 있는 메밀밭을 만났고, 수확을 준비하며 밭 곳곳에 놓여 있는 대형 마시멜로(곤포)를 봤다. 해가 진 후 집으로 돌아오는 길엔 저 멀리 바다 수평선 한치잡이 배의 불빛도 봤다. 한치 철이구나. 여름이 왔구나. 운전해서 다녀왔으면 보지 못했을 풍경을 만난 저녁이었다. 지구에서 가장 행복한 날은 아니었지만, 동네에서 제일가는 행복을 느낀 것도 아니지만, 조금 개운한 기분은 든다.

좋은 일이 있을 겁니다

어떤 사람이 물어본 적이 있다. 자신을 괴롭히는 가장 부정적인 감정이 무엇이냐고. 누군가는 '짜증'이라고 대답했다. 그가 짜증 내는 걸 거의 본 적 없던 나는 조금 놀랐다. 저이는 '짜증'이라는 감정이 마음을 지배할 때 그 감정을 어떻게 물리치고 하나도 짜증스럽지 않은 얼굴로 저기 앉아 있을까? 다른 누군가는 '우울'이라고 대답했다. 우울은 수용성이라는 이야기를 들은 적이 있다. 종종 가벼운 우울은 샤워 한 번에 사라지기도 한다. 그는 매일 저녁 우울을 물속에 녹여 흘려보내며 잘 지내고 있을까. 나는 '불안'이라고 답했다. 나는 불안을 잘 다루며 적절하게 잠재우고 있을까? 내 불안을 사람들은 눈치챘을까? 몹시 슬픈 날에는 해 지는 풍경을 좋아하게 된다며, 어느 날인가 의자를 옮겨 가며 지는 해를 마흔세 번 봤다는 어린왕자에게 가장 부정적인 감정은 '슬픔'이었을 것이다. 어린왕자는 슬픔을 해 지는 풍경으로 달랬다. 이유를 알 수 없는 불안이 영혼을 잠식하려고 할 때 나는 주로 문을 열고 나간다. 광역버스를 타고 종로로 가서 거리를 걷다가 영화를 한 편 보기도 했고, 시외버스를 타고 설악산이나 선운산에 가서 산 중턱까지 걷다 오기도 했다. 그러다 다른 사람들의 반짝이는 일상들을 만나고, 계절이 바뀌는 것을 목격하고, 나를 웃게 하는 사소한 장면을 발견했다. 땀을 흘리고, 근육통을 느꼈다. 불안을 밀어내고 그 자리에 방금 발견한 작은 기쁨을 채웠다. 그 기쁨은 아주 가벼운 것이어서 금세 날아가 버리기 때문에 불안이 들어오기 전에 기쁨을 찾아내기 위해 주변을 두리번거리며 걷는다. 나의 기분을 달랠 수 있는 건 나뿐이다. 나를 일으켜 집 밖으로 나가게 하는 것도 나이고, 걸으며 주변을 관찰하고 다정한 장면들을 건져내는 것도 내가 나에게 해줄 수 있는 일이다. 샤워를 하는 사람과 의자를 옮기는 어린왕자, 길을 걷는 나를 생각한다. '행복'이라는 말을 반복하다가 '불안'을 말하는 나는 나에게 말한다. 오늘 나에게 좋은 일이 있을 겁니다. 그러니까 문을 열고 밖으로 나가 걷는다면요.

아사오 하루밍의 《고양이 눈으로 산책》을 읽다가 내 안의 고양이를 그려봤다. 하루밍은
자신 안에 존재하는 고양이와 대화하며 산책길을 잇는 사람이다. 그의 고양이는
하루밍에게 묻고 답하며 종종 엉뚱한 생각으로 그를 이끌곤 한다. 그 엉뚱한 생각들은
어떤 길을 만들어 하루밍 씨의 몸과 마음을 안내한다. 어쩐지 여유로운 고양이를
따라가다 보면 내가 목도하고 싶던 세상과 마주할 수 있지 않을까. 그렇게 나는 내 안의
고양이를 찾아 걷고 또 걸어본다.

내 안의 고양이를 따라

.........

글 김지수
자료 제공 북노마드

지붕 위에서 바라본 길

""나는 잘 모르지만, 어떤 일이든 자기 생각대로 다 되진 않아요. 그래서 우리는 생각이란 걸 잘 안 해요. 따뜻한 밤에 지붕 위로 올라가고 싶을 뿐이에요. 하루밍 씨도 한번 올라와 볼래요?" / 이 못된 고양이 같으니라고. 그런데 지붕 위라니, 제법 상쾌할 것 같다. 마을 풍경이 어떻게 보일까?"

하루밍 씨의 고양이는 모든 걸 다 알고 있는 듯하다. 고민을 안고 있는 당신에게 아무것도 아니라는 듯, 마치 세상을 다 안다는 듯 내뱉는 그 말들이 이름 없는 안심을 불러온다. 푸른 달빛을 등지고 지붕 위에 서 있는 고양이, 나무가 무성한 담벼락에 올라 해를 바라보는 고양이, 풀숲을 침대 삼아 포근히 잠을 자는 고양이. 길을 걷다 보면 꼭 신선처럼 영험한 고양이들과 마주하게 되는데, 한없이 자유로워 보이는 그들의 모습을 보면 그냥 지나칠 수가 없어 멍하니 바라보게 된다. 그러곤 '부럽다….'고 나지막이 읊조린다. 언제부터인가, 길가의 여유로운 고양이와 맞닥뜨리면 귀엽다는 생각보단 부러운 마음이 먼저 들었다. 작은 발걸음 하나하나 신비로워 보이는 그들은 무슨 생각을 하는 걸까. 가늠해 보지만 그 마음은 도통 알 수가 없다. 그래서 부러웠던 걸까. 상상할 수 없는 고양이의 마음 사이로 '자유'가 묻어나 보였다. 하루밍 씨의 말처럼, 어떤 일이든 다 자기 뜻대로 되지 않는다는 걸 고양이는 알고 있는 걸까. 그래서 그 발걸음이 산뜻해 보이는 까닭일까. 한 드라마의 대사였던 '고양이의 신피질'에 관해 생각해 본다. 사람이 나이를 먹고 시간의 흐름을 인식하여 살아가는 것은 머릿속 '신피질' 때문이라고 했다. 신피질이란 세포는 시간을 인지하게 해 감정을 만들고 쓸데없는 돈을 쓰게 해 인간을 조급하게 만드는 것이라고. 이것이 바로 우리가 안고 있는 '신피질의 재앙'이라고. 반면에 고양이는 신피질이 없어서 서른도 마흔도 그들에겐 존재하지 않는다. 과거와 미래가 없고 오롯이 현재만 있는 머릿속. 기억에서 해방된 그들이라 더욱 신선처럼 보였을까. 그런데 고양이에게 신피질이 없다는 건 사실이 아니었다. 드라마 대사일 뿐이었다는 걸 알게 됐지만, 신피질의 재앙에서 해방된 고양이 이야기는 어쩐지 잊히지가 않는다. 과거에서, 또 기억에서 해방된 존재가 내가 걷는 길을 함께 걷고 있다고, 그렇게 믿어버리고 싶다.

당신의 고양이 씨

"나는 물건을 쌓아 두고 사는 타입이다. 고양이가 되어도 그 버릇은 못 버릴 것 같다. 가지고 있으면 언젠가는 쓸데가 있을 거라며, 물건을 수레에 가득 싣고 다니는 길고양이. 나는 아무리 오래 쓴 물건이라도 잘 버리지 못한다. 그렇다. 몸이 홀가분해지면 감기 걸릴 것 같아 무서워서 그런다. 왠지 벼랑 끝에 서 있는 듯한 기분?"

하루밍 씨는 길고양이가 살기 좋은 마을에서 자신의 고양이에게 물었다. 고양이에게 제법 괜찮은, 친절한 이 마을에서 살아보지 않겠느냐고. 그의 답은 의외였다. "모르게쩌옹." 그러곤 되물었다. "그럼 하루밍 씨는 어쩔 건데?" 내가, 당신이 길고양이라면 우리는 길에서 어떤 모습으로 살아갈까. 사실 조금 부끄럽지만 나는 사람을 좋아하는 사람이다. (사람이 좋은 걸 왜 부끄러워하는지 모르겠지만.) 그렇다면 나는 고양이를 좋아하는 고양이가 될까. 온종일 거리를 쏘다니며 친구가 되어줄 고양이를 찾아 헤매이며 외로이 살아갈까. 아니면 이미 친구 고양이가 너무도 많아서 패거리를 이루고 먹이를 찾아 열심히 사냥을 하러 다닐까. 왠지 현실은 전자일 것만 같아 피식 쓴웃음이 나왔다.
함께 산책을 하던 동료 H에게 물었다. 당신은 어떤 길고양이가 될 것 같냐고. 그는 두 고양이의 미래를 상상했다. 첫째는 저 먼 나라의 광활한 자연 속, 윤기가 흐르는 삼색 털을 가지고 자유로이 영위하는 고양이, 둘째는 서울 변두리의 작은 자연 속에서 힘이 센 다른 고양이들을 피해 홀로 살아가는 고양이였다. 덧붙여 이 고양이는 어두운 색의 털을 가졌다고 한다. 아름답고 풍요로운 삼색 고양이의 삶에 비해, 다른 고양이의 하루는 조금 슬프고 먹먹했다. 어찌된 일인지, 우리는 '되고 싶은 고양이의 삶'과 '될 것 같은 고양이의 삶'을 번갈아 이야기하기 시작했다. 그리고 문득 이 대화가 자연스럽다고 생각했다. 어쩌면 우린 될 것 같은 현실 속에서 되고 싶은 상상을 위해 살아가는 것일 테니까. 그런데 가만히 걷고 있던 H가 말했다. "사실 어두운 색의 털을 가진 고양이가 더 용감하대요. 보호색을 가져서 자신을 지킬 줄 아는 고양이래요."

찜찜한 것과 소중한 것

""'우리는 찜찜한 것에 모래를 뿌려요. 똥을 눈 다음이나 다 못 먹고 남긴 밥을 감추고 싶을 때 말이죠. 이건 잘 알려져 있지 않은데, 찜찜한 것뿐만 아니라 소중한 것에도 우리는 모래를 끼얹어요. 그러니까 찜찜한 것과 소중한 것은 친척 관계예요. 이 방에 우리보다 먼저 다른 고양이가 들어와서 모래를 뿌려놓았는지도 몰라요.'라고 내 안의 고양이가 추측했다. / 나는 고양이의 그 행위를 '사라져버려라'라는 의미로 생각했다. 사실은 그뿐만이 아니었던가?"

하루밍 씨는 자신의 고양이와 낡고 고풍스러운 산부인과 병원 건물을 산책했다. 그 병원의 주인인 '쵸키 선생'이 돌아가신 후 남긴 먼지 쌓인 물건들을 찬찬히 살펴본다. 거기엔 오래되어 까맣게 변한 매실주와 누군가 비밀스레 숨겨놓은 포르노 사진들이 있었다. 하루밍 씨는 고양이와 함께 그가 남긴 흔적들을 바라보며 이제는 사라지고 없는 누군가의 삶을 상상했다. 몇 년 전, 도시 한가운데 재개발을 앞둔 아파트에 사는 고양이들을 본 적이 있다. 건물에 들어가지 못하도록 밧줄로 막혀 있었지만 나도 모르게 고양이를 따라 밧줄을 넘어 들어가 버렸다. 거긴 마치 고양이들의 집과 같았다. 그들의 걸음에는 망설임이 없었고 자기 방에 문을 열고 들어가 눕듯 아파트 계단 한구석에 조용히 자리를 잡았다.

녹슨 놀이터의 풍경, 아직 잘 자라고 있는 커다란 나무, 우편함에 쌓인 고지서들. 사람만 없고 모든 것이 그대로인 듯한 아파트는 천천히 늙어가고 있었다. 그때 오래된 아파트의 곳곳을 산책하는 고양이들을 보며 생각했다. 어쩌면 고양이는 사라져 가는 것들을 지키는 존재와 같다고. 아파트의 모든 것들은 먼지 가득 낡고 어둡고 축축해, 찜찜하고 쓸모없는 것이었지만 그 풍경 너머엔 한 사람의 기억을 상상하게 하는 힘이 있었다. 그건 아마도 반드시 소중했을 것이다. 고양이는 그 한가운데 남아 아파트의 마지막을 함께 추억하는 듯했다. 과한 망상일지 몰라도 고양이에겐 그런 힘이 있다. 귀엽고 영험한 몸짓 뒤에 늘 어떤 이야기를 남긴다. 저벅저벅 곧 사라져버릴 발자국처럼 곧 증발할 이야기들, 그래서 살아 있다고 여기게 만드는 이야기들. 고양이의 눈으로 걸어보자. 무엇을 발견할 수 있을지는 모르지만 그게 찜찜한 것이든 소중한 것이든 우리의 주변이고 오늘일 것이다.

스포티파이는 2008년 서비스 론칭 이래 '뮤직 리스닝(음원 청취 및 감상의 방식)'을 재정의한 세계 최대 오디오·음원 스트리밍 플랫폼이다. 전 세계 수백만의 아티스트에게는 창작활동을 영위할 수 있는 기회를, 수십억의 팬에게는 이를 즐기고 영감을 얻을 계기를 제공하는 데에 집중한다. 한국에서는 2021년 2월 정식으로 서비스를 시작했다. 방대한 음원 카탈로그와 전 세계 스포티파이 이용자로부터 사랑받는 개인 맞춤형 음원 및 아티스트 추천·발견 기능 등, 스포티파이의 혁신적인 서비스를 국내에도 제공하기 위해 한국 서비스를 론칭했다.

산책하는 당신과 함께

걷는 동안 듣는 음악은 산책을 더욱 산책답게 만들어준다. 여기서 저기로 옮겨 갈 때 나를 따라 함께 걸어주는 존재. 매일 걷는 익숙한 길도 듣는 음악에 따라 그 풍경은 달리 보인다. 어떤 길은 어떤 음악으로 기억되기도 한다. 음악이 필요한 산책길, 반복되는 오늘을 다채롭게 만들어줄 나만의 플레이리스트. 스포티파이와 함께 소개한다.

에디터 김지수
자료 제공 스포티파이

나보다 날 더 잘 아는

"전 세계 수백만의 아티스트에게는 창작 활동을 영위할 수 있는 기회를, 수십억의 팬에게는
이를 즐기고 영감을 얻을 계기를 제공한다는 핵심 미션은 굳건합니다. (중략) 스포티파이는
아티스트들의 진입장벽을 낮추고 더 많은 전 세계 청취자들이 오디오 서비스로 접근할 수
있도록 끊임없이 혁신해왔습니다."

— 다니엘 에크Daniel Ek CEO And Founder Of Spotify

낯설지만 어딘가 익숙한 곡들의 연결. 좋아하는 음악 한 곡으로 시작된 나의 플레이는
신기하게도 취향에 꼭 맞는 방향으로 흘러간다. 음악을 배경으로 다른 일을 하다가도
문득 마음에 들어와 버린 멜로디에 황급히 제목을 살핀다. 스포티파이의 '알고리즘형
플레이리스트Algorithmic Playlists', 음악 전문팀에서 정기적으로 큐레이팅 하는 '에디토리얼형
플레이리스트Editorial Playlists'의 시너지로 개인의 취향과 라이프스타일에 맞는, 더
다양하고 새로운 음원을 끊임없이 발견하게 된다. 다양한 아티스트, 유명인사, 나아가
스포티파이 청취자들이 직접 만드는 '유저형 플레이리스트User-Generated Playlists' 역시
무궁무진하다. 그 무대는 전 세계로 뻗어 경계 없이 자유롭게 이어지고 있다. 스포티파이의
'개인화Personalization'는 서비스 이용 처음부터 바로 시작되어 음원 추천은 물론 앱 기능 전반에
걸쳐 이용자 '개인'에 맞춰진다. 수천 가지가 넘는 시그널을 바탕으로 이뤄지며 내가 어떤
음악을 듣는지, 어떤 음악을 플레이리스트에 추가하는지, 나와 비슷한 취향을 가진 타인들은
어떤 청취 습관을 가지고 있는지를 살핀다. 음악을 듣는 시간, 순서, 음원 발매일 등 세세한
요소를 반영해 보다 내밀한 나만의 음악 취향이 견고히 쌓여간다.
독보적인 큐레이션으로 리스너와 아티스트의 거리를 좁혀 가는 스포티파이는 '나보다 날 더
잘 아는' 존재로 우리 일상에 좀더 깊숙이 다가온다. 오늘, 걷기로 마음먹었다면 다음 페이지를
넘겨 스포티파의 추천 플레이리스트를 살펴보자. 각 플레이리스트를 곁에 두고 거닐 평화로운
공간 소개까지. 산책과 휴식이 필요한 시간들 속에서 우리의 하루는 좀더 풍요로워진다. 어쩌면
몰랐던 내 음악의 갈래를 새롭게 열어갈 수 있을 것이다.

안개가 흐르는 파란 새벽

Inspirational Walk

잠잠한 안개 낀 새벽. 맑은 풍경 소리에 눈이 떠진다.
아직 해가 뜨지 않아 밖은 어둡고 파랗다. 몸을 일으켜
시계를 확인한다. 시간은 4시 반. 잠은 오지 않을 것 같다.
가디건을 걸치고 문을 연다. 습한 공기 사이로 풀 내음이
가득한 길을 걸어본다. 오늘 하루를 어떻게 시작하면
좋을까. "Inspiring And Relaxing Music For Your
Walk" 편안한 마음을 이끄는 플레이리스트. 마음이
답답하거나 생각이 갇혔을 때 집중이 필요하다면 들어보자.
걸으며 들리는 소리, 보이는 풍경, 느껴지는 모든 감각에
멈춰 섰을 때 비로소 우리는 일상의 영감과 가까워진다.

List

Manifest—Megan Wofford

Sunrise—HILMA

Garden Scene—Pei·Erich Wolfgang
Korngold

Editor's Place
용산가족공원
A. 서울 용산구 서빙고로 137
도심 한가운데 자연이 담긴 공간. 주위를 둘러보면
넓고 파란 들판과 커다란 나무들이 촘촘히
펼쳐진다. 걷다가 발견한 작은 폭포 앞에서 조용히
쉬어 갈 수 있다.

Feel Good Classical

몰려오는 생각들에 잠들지 못하는 날. 시간은 어느새
새벽이 되었다. 풀리지 않은 채 남은 고민은 반복된다.
어차피 흘려보낸 밤, 곧 다가올 하루를 새롭게 시작할
나만의 배경음악을 찾아보자. "Classical Tunes To Make
You Feel Good" 부드럽고 밝은 무드의 플레이리스트는
오랫동안 품고 있던 걱정을 해결할 실마리를 찾도록
돕는다. 산뜻하고 편안한 연주곡을 듣고 있다 보면 어쩐지
머릿속이 자유로워지는 것 같다. '희망'이라는 간절한
단어가 조용히 떠오른다.

List

Dolly, Op. 56: 1. Berceuse—Gabriel
Fauré·Katia Labèque·Marielle Labèque

The Nutcracker, Op. 71, TH.14—Pyotr
Ilyich Tchaikovsky·Mariinsky
Orchestra·Valery Gergiev

Petite suite de concert, Op. 77: III. Un
sonnet d'amour—Samuel Coleridge–
Taylor·Chicago Sinfonietta·Paul Freeman

Editor's Place
감추사
A. 강원 동해시 해안로 120
감추해변이 한눈에 내려다보이는 절. 작고 한적한
절 아래에 펼쳐진 파도를 바라본다. 어스름한
새벽이 어울리는 차분한 공간.

해사한 토요일 아침

Fresh Morning

신선한 아침 바람에 웃음을 짓는다. 내일도 쉬는 날, 토요일 아침은 유난히 가볍다. 상쾌한 아침 산책을 위한 스포티파이만의 플레이리스트는 60개의 클래식 곡으로 구성되었다. 어쩐지 들뜨는 마음을 차분히 가라앉히는 멜로디의 모음. "Start Your Day With These Beautiful Scores" 아름다운 선율 속에서 아침 식사를 차려 먹고 운동화를 신고서 밖으로 나선다. 여름이지만 시원한 온도. 살살 부는 바람을 힘껏 마시며 걸음을 뗀다.

List
Forever Yours—Sophie Deas
Love Lies Bleeding—Arden Forest
Just Before Morning—JNUARY

Editor's Place
구름정원길
A. 서울 은평구 불광동 산6-4
독바위역 1번 출구로 나와서 800미터쯤 걸으면 시작되는 등산 코스. 고즈넉하고 조용한 불광동 끝자락 동네는 곳곳에 차분한 산책길이 많다. 상가가 늘어진 거리에도 눈앞에 북한산이 가까이 보인다.

In The K-Indie

주말은 어김없이 돌아왔고 특별한 일정은 없다. 매일 듣는 플레이리스트가 지겹다면 숨겨진 명곡을 찾아보자. 국내 인디 곡을 모아 놓은 'In The K-Indie' 플레이리스트는 몰랐던 한국의 아티스트들을 발견하도록 돕는다. 선우정아, 검정치마, 잔나비처럼 익숙한 아티스트들의 숨겨진 수록곡도 살펴볼 수 있다.

List
lost—다운
어떤날은—예성
같이 가자—Love recipe

Editor's Place
N/A
A. 서울 중구 창경궁로5길 27
을지로, 오래된 철공소들이 늘어선 거리에 자리 잡은 작고 젊은 갤러리. 익숙하고도 생경한 공간을 배경으로 다양한 아티스트를 소개한다. 평화로운 주말, 작품을 감상하며 걸어보자. 새로운 영감으로 내면을 채우자.

노을을 머금은 오후

Lorem

꽉 채워 보낸 오늘. 쉴 틈 없이 움직인 바람에 몸과 마음이
지쳤다면 스포티파이에서 'Lorem' 검색하자. Lorem은
디자인 분야에서 폰트, 타이포그래피 등 그래픽 요소나
시각적 연출을 보여줄 때 사용하는 표준 채우기 텍스트를
뜻하는 '로렘 입숨Lorem Ipsum'에서 유래했다. 음악적
정의를 넘어 규칙과 틀을 깨는 아티스트들의 메카로
성장한 이 플레이리스트에는 Z세대가 열광하는 국경 없는
장르의 곡들이 모여있다. 아티스트들의 메카로 성장한
플레이리스트다. 축 처진 몸과 마음을 활기차게 만들어줄
음악들. 우리의 하루는 아직 끝나지 않았다.

List
Sugar—Remi Wolf
Hannah Montana—flowerovlove
Jodie—SZA

Editor's Place
소월길
A. 서울 용산구 소월로 377
남대문에서 시작해 한남동 외국인 아파트에서
끝나는 길. 이태원 동네가 한눈에 내려다보이는
길로, 아름다운 노을을 감상할 수 있다. 드라이브,
러닝, 산책길로 다양한 걸음과 함께한다.

Jazzy Korea

"All About Korean Jazz Hits & New" 스포티파이가
2021년 4월 '세계 재즈의 날'을 기념해 오픈한
플레이리스트. 한국의 새롭고 다양한 재즈 음악들이 담겨
있다. 보라빛 노을이 진 후 어둑한 시간, 집으로 돌아가는
길이 아쉽다. 발걸음을 돌려 낯선 곳으로 걸어본다. 문을
닫지 않은 가게들 사이에서 주위를 기웃거린다. 귓가엔
자유로운 재즈 멜로디가 흐르고 아직 가벼운 걸음은 멈추지
않았다. 이때 흘러나오는 음악은 자이언티, 강승원의
'20세기 사람들'. "21세기가 되면 우리는 어디로 어디로
갈까 저리 바삐도 걸어가는 사람들" 노랫말이 머릿속을
맴돈다.

List
체크인—선우정아
Diaspora—웅산
Home—앤킴

Editor's Place
서점 리스본
A. 서울 마포구 성미산로23길 60
경의선숲길을 걷다 보면 만나게 되는 동네서점.
아담한 3층짜리 서점에서는 문학, 전집, 잡지까지
다양한 장르의 책을 찾을 수 있다. 퇴근길, 흘러가는
저녁이 아쉽다면 길을 돌려 들려보자.

고요히 잠든 밤

Stress Relief

까만 밤, 샤워를 마치고 성냥을 켠다. 아끼는 캔들에 불을
피우고 그 앞에 앉아 가만히 빛을 바라본다. 제목 그대로
스트레스에 적합한 'Stress Relief' 플레이리스트엔
아름다운 피아노 선율과 자연을 담은 앰비언트 사운드의
곡들이 수록되어 있다. 차분한 음악이 흐르는 가운데
일렁이는 불빛이 시시때때로 바뀐다. 지나간 후회와 다가올
걱정이 마음을 어지럽게 할 땐 명상이 필요하다. 지금에
집중하는 것. 포근하게 주변을 감싸는 음악에 소란스럽던
마음은 어느새 고요해 진다. 나를 쓸쓸하게 만들던
것들에서 천천히 멀어져 본다.

List

Dans le noir—Charmaine D'Avis

Linea Degli Alberi—Giulia De Serio

Choices—Alva Adler

Editor's Place

한적한 명상존

어질러진 방 한 편에 조용한 공간을 만든다. 풍경이
보이는 창문 앞, 아끼는 식물의 옆자리, 포근한 소파
위까지. 지금 이 순간에 집중할 수 있는 공간이라면
어디든 좋다. 집중을 돕는 음악과 함께 오늘 하루를
정돈할 공간이 필요하다.

Ambient Relaxation

"Relax And Unwind With Chill, Ambient Music"
머나먼 바다, 가늠할 수 없는 우주, 광활한 평야, 잔잔한
밤의 강가를 연상케 하는 음악들. 'Stress Relief'
플레이리스트보다 한층 더 차분한 앰비언트 곡들이 담겼다.
스포티파이가 작년 전 세계 청취자 9,000명을 상대로
조사한 결과, 26-40세 응답자의 78퍼센트가 스트레스를
줄이기 위해 이 플레이리스트와 같은 음악 등 오디오를
이용한다고 답했다. 눈을 감고 듣다 보면 길고 긴 호흡이
이어진다. 오랫동안 이불 속을 헤매다가도 천천히 잠
속으로 빠져들게 한다. 눈을 뜨면 더 나은 내일이 기다리고
있을 거라고, 속삭이며 잠에 든다.

List

Montania—Calma Interiore

Ethereal—Joanna Neriah

Neblinoso—Cameron Sinosa

Editor's Place

내 방, 침대 위

잔잔한 조명을 켜고 자리에 누워 가만히 눈을
감는다. 온몸에 힘을 풀고 들리는 음악 소리에
귀 기울인다. 습관적으로 힘을 주는 미간, 어깨를
의식하며 풀어 본다. 생각이 과거의 기억으로
빠져들 때쯤, 음악 소리가 내 마음을 다시 지금, 이
밤으로 데려올 것이다.

몸과 마음의 무게가 유독 무겁게 느껴질 때가 있다. 이런 순간에
버거움을 덜어주는 건, 풍요로운 햇빛의 다정함과 잔잔히
어루만지는 바람의 손길이 아닐까. 바닥에 끌리는 몸을 일으켜
세워, 마음을 어르고 걸음을 북돋아 줄 아이템을 소개한다.

Hand Wash

LUCIEN CARR.

ⓒ그랑핸드

심신을 부추기는 도구

에디터 이명주

자료 제공 그랑핸드, 페얼스, 투어리스트 서울

풀 내음이 풍기는
GRANHAND.

향은 기억의 매개체다. 공기 속에 흩어져 있는 향의 자취는 지나간 순간들을 재생한다. 수많은 기억의 파편 중에서도 자연의 장면을 포착하는 브랜드가 있다. 바로 그랑핸드. '둥글게 어우러져 살아간다'라는 뜻의 순우리말 '그랑'과 손을 뜻하는 '핸드'의 합성어인 이름처럼, 우리에게 향이 어우러진 일상을 제안한다. 그랑핸드는 제품의 향을 어려운 조향 단어로 표현하지 않는 점이 특징이다. 어젯밤 내린 비로 축축해진 흙을 밟는 순간이나 이른 아침, 동네를 산책하다가 한 아름 꽃을 사든 순간처럼 보통의 장면으로 풀어낸다. 그 덕분에 일상에서 그랑핸드를 마주할 때마다, 마음 한편에 닿아 있던 짧은 문장들은 풀 내음이 물씬 풍기는 기억을 꺼내온다.

"쉬는 날에 조금 일찍 일어나서 아무도 없는 동네를 산책하고, 근처에 문을 연 카페에 들어가 일이든 취미든 관심 분야에 집중하는 단 몇 시간이 일주일 치 이상의 효율을 줘요. 그랑핸드에게 산책은 '일의 퀄리티를 높여주는 좋은 수단'인거죠. 일에 매몰되어 있으면 보이지 않아 놓치는 부분들이 생기는데, 산책은 내가 놓쳤던 것을 떠올리게 하고 엉켜 있던 생각을 풀어줘요."

1. 마커 '마린 오키드'
그랑핸드의 시그니처 제품인 멀티 퍼퓸을 휴대용으로 만든 마커. 이름처럼 펜을 닮은 모양새라 피부에 그리듯 사용하면 된다. 덕분에 마커는 분사 방식의 향수와 달리, 탑 노트부터 베이스까지 온전히 만끽할 수 있다. 마린 오키드는 검푸르고 차가운 바다의 상쾌함을 담은 향인데, 체온이 높아지는 여름철 또는 가볍게 걸은 후에 사용하기 좋다.

2. 핸드워시 '루시엔 카'
천연 계면활성제를 사용하여 피부 자극을 최소화한 그랑핸드의 핸드워시. 루시엔 카는 시트러스의 상큼함으로 다가와 옅은 우디 계열의 흔적을 남긴다. 흐르는 물기를 털어낸 순간, 손끝에서 퍼지는 향은 방금 다녀온 산책의 기분 좋은 여운을 만든다.

1.

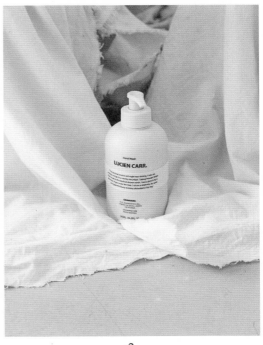

2.

여름을 닮은
PAIRS

온몸으로 쏟아져 내리는 햇살, 선명하게 보이는 나무와 하늘의 푸른빛, 가벼운 옷차림과 넘치는 에너지까지. 페얼스는 다채로운 여름의 모습을 표현하는 브랜드다. 70년대부터 90년대까지 미국의 예술과 문화에서 영감을 얻은 페얼스는 채도 높은 컬러와 단정한 로고를 바탕으로 다양한 의류를 제작한다. 용산구의 한적한 골목길에 자리한 오프라인 편집숍에서는 제작 상품 외에도 빈티지 의류와 음반, 소품까지 준비되어 있어 보물찾기를 하듯 즐길 수 있다고. 브랜드 초기에는 공간에 의류 대신 신발을 주로 진열해 두었는데, 나란히 놓인 제품들에서 신발을 세는 단위인 'PAIRS'가 떠올라 브랜드 이름으로 삼았다는 귀여운 에피소드도 소개한다. 여름을 여름답게 누리고 싶다면 계절의 에너지를 닮은 페얼스 숍으로 가볍게 산책에 나서 볼까.

"영감을 채우는 것, 깊게 숨을 쉬며 진정하거나 또는 아무런 생각도 하지 않은 채 마음을 비우는 것. 산책에서는 이 모든 게 가능해요. 그리고 그 다양한 산책의 면면마다 페얼스가 함께하고 싶다고 생각하죠. 산책에 곁들이고 싶은 아이템을 보여드릴게요."

1. 코드 쇼츠
뒤쪽 주머니에 페얼스 로고가 새겨진 코듀로이 소재의 쇼츠. 80년대 미국에서 유행하던 디자인으로, 테니스와 스케이트보드 등 아웃도어 스포츠의 유니폼이 가진 에너지를 담았다.

2. 스탬프 로고캡
둥근 곡선의 알파벳 'P'가 돋보이는 캐주얼 볼캡. 따가운 햇살 때문에 문밖을 나서기 망설였다면 스탬프 로고캡을 써보자. 주저하던 마음은 내려놓은 채 마음이 이끄는 대로 걸을 수 있다.

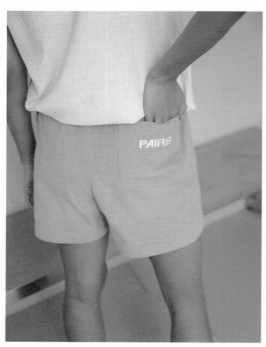

1.

2.

여행하는 마음으로

TOURIST
WWW.TOURISTSEOUL.CO.KR

엇비슷한 모습으로 이어지는 일상에서 벗어나 가뿐히 떠나고 싶은 건 누구나 마찬가지. 다만 그 특별한 기분이 1년에 단 며칠뿐이라 아쉽다면, 아예 매일을 여행처럼 바라보는 게 어떨까. 처음 가보는 산책로를 걸으며 낯선 풍경을 관찰하고, 상쾌한 공기를 한껏 마셔보는 거다. 투어리스트 서울은 일상과 비일상의 경계를 허물어 여행자의 마음으로 매일을 보내도록 도와주는 브랜드다. 낯선 장소에서 느끼는 자유로움과 계절감을 충분히 담아 아이템을 제작한다. 또한 다양한 소재와 모양의 가방을 만드는데, 실용적인 부분까지 놓치지 않아 자꾸만 손이 간다. 투어리스트 서울과 함께라면 걷고 둘러보고, 듣고 느끼며 쌓아갈 산책의 기록에 비일상의 특별함이 스민다.

"익숙한 것은 우리를 넓은 세상으로 인도해 주지 않아요. 산책은 익숙한 일상 속에서 낯설고 새로운 장면을 발견해 주죠. 항상 걷던 길도 여유롭게 주변을 둘러보면 그동안 보이지 않았던 것들이 느껴지니까요. 당신의 여행 같은 산책길에 투어리스트 서울이 함께하길 바라요."

1. 빈티지 데님 미니백

부드러운 촉감과 유연한 모양이 특징인 미니백. 부담스럽지 않은 크기에 수납공간을 충분히 갖췄으며, 튼튼한 데님 소재라 오랜 시간 함께할 수 있다. 무엇보다 가장 큰 장점은 고민 없이 가볍게 메고 나갈 수 있다는 것. 가뿐해야 할 산책의 걸음을 방해하지 않는다.

2. 투어리스트 수비니어 티셔츠

사막 가운데 자리 잡은 휴양지, 캘리포니아의 팜스프링스 속 작은 빈티지 호텔을 상상하며 제작한 티셔츠. 수비니어Souvenir라는 이름에는 훌쩍 떠난 여행지에서 받은 선물 같은 느낌을 담았다. 앞면의 왼쪽 가슴과 후면에 새겨진 호텔 로고가 여행지에서는 완벽한 여행자가 되도록, 일상에서는 언제든 떠나고 싶어지도록 마음을 부추긴다.

1.

2.

물속을 유영하며

글 이주연 일러스트 하리

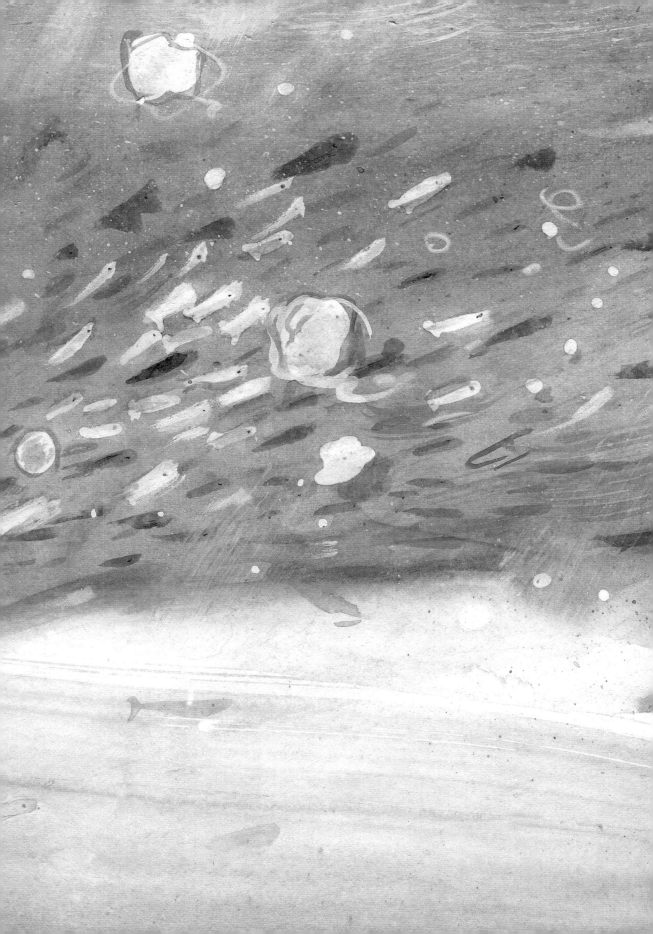

어린 시절엔 셔틀버스를 타고 커다란 수영장에 다녔다. 일주일에 세 번이었나,
다섯 번이었나, 아무도 안 입을 거 같은 자주색 수영복을 입고 푸른 물속에서
물장구를 치는 날들이었다. '음파음파' 숨쉬기를 배웠고, 발차기를 배웠고,
'킥판'이란 걸 잡았고, 팔 돌리기를 배웠고, 팔 꺾기를 배웠고, 자유형을 했고,
배영을 배웠고, 평영을 배웠다. 나는 개구리헤엄이라 불리던 평영을 가장
좋아했다. 수영은 별로 어렵지 않았고 물속에서 숨 쉬는 건 뭍에서 숨 쉬는 것과
별반 다르지 않았다. 그러나 수영 생활은 접영 발차기를 배우기 시작하고부터
달라졌다. 나는 전에 없이 전투적인 어린이가 되었다.
나보다 접영 발차기를 잘하던 여자애가 있었다. 자유형도, 배영도, 평영도 비슷한
수준으로 잘해서 늘 1, 2번을 앞다투던 아이와 나였지만, 접영 발차기만큼은
그 애처럼 아름답게 할 수 없었다. 인어처럼 두 다리를 웨이브 치며 엉덩이를 볼록
내미는 접영 발차기는 왜 내가 하면 각기 춤처럼 삐거덕거리는지. 우스꽝스러운
몸짓을 스스로도 느낄 수 있어 자주 얼굴이 뜨거워졌다. 물 위로 엉덩이만
아름답게 솟아올라야 했는데, 허리까지 쑥 나오거나 허벅지까지 올라와 영
보기 흉한 자세가 됐다. 발차기가 제대로 되지 않으니 팔 돌리기로 진도를 못
나갔고, 나보다 (조금) 잘하던 그 아이만 돌고래 같은 허리 웨이브와 함께 상체를
일으켜 나비처럼 날았다. 어린 마음에 나보다 잘하는 아이가 있다는 게 무척이나
속상했다. '접영이 뭐라고 이렇게까지 안 되는 거람, 쳇.' 접영을 배우는 날이면
생각이 꼬리를 물었다. 수영 수업이 끝나면 자주 생각에 빠져 있던 탓에 정신

차려보면 친구들은 사라지고 샤워실에 휑뎅그렁 혼자 남아 있곤 했다. 부랴부랴
비누 거품으로 온몸을 닦고 작은 수영복을 꽉 짜서 나오면, 머리가 푹 젖은 채
수영장 로비에 모여 있는 친구들과 만날 수 있었다.
친구들은 이미 자판기에서 '그것'을 뽑아 절반 이상 먹은 상태였고 나는 늘
친구들보다 조금 늦게 자판기 앞에 섰다. 셔틀버스가 떠날 시각이 다가와
조마조마한 마음으로 버튼을 누르고 입천장이 데는 것도 모르게 훌훌 털어
먹던 그것. 그건 커피 자판기도, 음료 자판기도, 장난감 뽑기 기계도 아니었다.
이젠 세상에 존재하지 않는 '달걀 자판기'였다. 날달걀도, 삶은 달걀도 아닌
무려 프라이가 나오는 기계. 반숙과 완숙 두 버튼만 있던 자판기 앞에 처음 선
날을 기억한다. 반숙이 무엇인지, 완숙은 또 무엇인지 알지 못한 나는 친구들을
곁눈질로 살펴보며 완숙을 선택했다. '조리 중'이라는 글자에 불이 들어왔던가?
얼마의 시간이 지나면 둥글넓적한 종이컵이 툭 떨어졌다. 그 안에 이불처럼 담겨
있는 건 폭신한 달걀. 그것은 작은 인형 위에 덮어줄 수 있을 정도로 컸고, 종이
그릇 절반 이상을 채울 정도로 두툼했다. 종이 숟가락과 작은 소금이 함께 나와
취향껏 소금을 살살 뿌려 숟가락을 구부려 떠먹으면 되었는데, 수영하고 허기진
배 속을 채우기에 이 간편한 음식은 어찌나 완벽했는지. 접영 발차기를 더 잘하고
싶어 허리와 엉덩이를 구부리며 걷던 나는 수영장에서만 만날 수 있는 달걀 자판기
덕분에 셔틀버스에 오르기 전이면 늘 기분이 좋아져 있었다.

쌉쌀한 영소의 맛

나보다 접영을 잘하는 친구는 어느덧 꿈틀거리는 발차기를 넘어 양팔을 나비처럼 펼치는 버터플라이 영법을 해 보이기 시작했고, 선생님은 그 애가 잘 해낼 때마다 박수를 쳤다. 그리고 나는 어느 순간부터 수업이 끝나도 더는 아이들과 달걀을 뽑아 먹지 않았다. 대신 엄마가 수영장에 들어오길 기다려 같이 수영을 했고, 엄마에게 가끔 달걀을 뽑아달라고 했다. 언제부터였을까, 엄마를 기다리고 있으면 슬그머니 가까이 오던 남자애가 있었다. 거리를 조금씩 좁혀오던 그 애가 그다지 부담스럽지 않던 건 항상 적당한 거리를 유지했기 때문이고, 그 애가 찾는 건 내가 아니라 언제나 엄마였기 때문이다.

"아줌마, 여기 몇 년 다녔어요?" 처음에는 우리 엄마에게 '아줌마'라 부르는 게 이상해 유심히 쳐다보았고, 그다음엔 엄마에게 유독 관심이 많은 게 이상해 엄마 곁을 오래 얼쩡거리게 됐다. 그 아이는 준비 운동을 하면 엄마 곁에 서서 열심히 체조를 했다. 엄마가 허리 운동을 하면 "어떻게 이렇게 유연할 수 있어요?" 물었고, 엄마가 한 바퀴 레인을 돌고 오면 하이파이브를 하면서 다 큰 어른처럼 웃곤 했다. 그 애는 영법을 모르는 사람처럼 아무렇게나 수영을 하는 아이였는데 항상 물장구를 너무 세게 쳐서 수영하는 데 방해가 되었다. 그러나 엄마는 남자애를 귀찮아하지도, 싫어하지도 않았다. 아이가 묻는 말에 꼬박꼬박 답해 주었고, 가끔 엄마가 먼저 수영이 왜 재미있는지 묻기도 했다. 둘의 대화엔 귀를 뗄 수 없는 구석이 있어 나는 자꾸 귀를 쫑긋 세우게 됐다.

세상에 없는 마을

이렇다 할 에피소드 없이 매일 같은 날이 반복되었고, 나는 접영 발차기에서
진도를 더 나가지 못한 채 수영을 그만두었다. 어느덧 스물이 되어 그 남자애도,
수영장 냄새도 거의 잊었을 무렵 《염소의 맛》이라는 그래픽 노블을 만났다. 척추가
서서히 굽어 내장을 위축시키는 '척추옆굽음증'이란 특이한 병을 앓는 남자. 그의
치료법은 한 가지다. 수영장에서 배영만 하는 것. 《염소의 맛》에는 자연스럽게
물속을 거닐고 유연하게 턴하는 여자도 나온다. 수영 선수였던 그녀의 몸짓을
보면서 엄마를 생각한 건 왜였을까. 나는 책을 펼칠 때마다 익숙한 수영장 냄새를
맡곤 했다. 염소와 락스가 만드는 그 파란 냄새.

나는 엄마와 남자아이가 신경 쓰이지 않는다는 듯 헤엄치곤 했지만, 이제 와
말하건대 실은 그렇지 않았다. 엄마 옆에서 떠드는 남자애 목소리가 궁금했고,
그애 말에 열심히 대꾸하는 엄마의 말들이 궁금했다. 어느 날 수영하며 돌아오던
중에 "저 애는 아줌마 딸이에요?" 하고 묻는 남자애 목소리에 귀를 쫑긋 세운
적이 있다. 목소리는 물을 타고 웅웅거리며 들려왔는데, 그렇다는 엄마 대답
이후의 이야기는 내게까지 전해지지 않았다. 나는 그날부터 접영을 잘하는 법보다
남자애와 엄마가 나눈 대화를 더욱 궁금해했다. 나는 그 아이와는 한 번도 제대로
대화를 나눈 적이 없었고, '나는 너에게 관심 없어.'라는 얼굴로 곧잘 등을 보이곤
했다. 그러나 엄마랑 남자애는 알고 있었을지도 모른다. 내가 물안경 안에서
곁눈질하는 것도, 물속에서 목소릴 듣기 위해 애쓴 것도.

얼마 전부터 다시 수영을 시작했다. 어린 시절 기억이 있으니 모든 영법은 전처럼 쉬울 거라 생각했고 이젠 버터플라이도 할 수 있지 않을까 상상했다. 그러나 생활 습관은 무서웠다. 숨찰 정도의 운동을 하지 않은 지 너무 오래였기에 기다란 레인을 돌고 오는 것만으로도 숨이 가빴다. 어른이 된 나는, 어릴 때 그랬던 것처럼 누구도 안 입을 것 같은 빨간색 수영복을 입었다. 선생님은 자주 나를 기준 삼아 "빨간 수영복 회원님"이라 불렀는데, 어떤 동작에선 "빨간 수영복 회원님 잘하십니다." 하셨고, 어떤 동작에선 "빨간 수영복 회원님, 잠깐만!" 하고 나를 멈춰 세웠다. 어느덧 나는 탈의실에서 수영복을 꺼내면 "어! 안녕하세요." 인사를 받는 빨간 수영복 회원님이 되어 있었다.

빨간 수영복 회원님은 이상하게 자유형이 어려웠다. 옛날엔 두 바퀴 정도는 가뿐하게 헤엄쳐 돌아온 것 같은데, 음파음파 숨 쉬는 것마저도 왜 이리 자연스럽지 못한지. 배영을 할 땐 목이 문제가 됐다. 뻣뻣하고 꼿꼿한 자세로 컴퓨터 작업을 하니까 목과 어깨가 굳어 목에서 힘을 빼지 못했다. 힘 빼는 방법을 모른다는 게 나를 자주 곤란하게 했다. "빨간 수영복 회원님, 목에 힘 빼세요. 집에 가면 아파요." 선생님 목소리에 "그거 어떻게 하는 건데요?" 바보 같이 묻기 일쑤였다. 집에 가면 선생님 말씀처럼 목이 너무 아팠다. 눕는 건 자신 있던 내가 배영을 이렇게 힘들어했던가? 오로지 평영만이 나를 물 안에서 자유롭게 했다. 세모 모양으로 뻗는 다리에 물줄기가 부드럽게 휘감기면 조금 뿌듯해졌는데, 그럴 때마다 선생님 목소리가 끼어들었다. "빨간 수영복 회원님, 우리 평영 배운 적 없습니다. 자유형 하세요." 가끔은 선생님 몰래 접영 발차기도 해봤다. 어쩐지 잘될 것만 같아 두 다리를 물결쳐 보았지만… 안 봐도 뻔했다. 엉덩이가 아름답게 솟아오른다는 느낌은 아마 느낌뿐이었겠지.

어느 날엔가 수업 전, 깊숙이 잠영하며 마음 속으로 초를 세다가 아주 작은 반짝임을 본 일이 있다. 그것은 〈인어 공주〉에서나 보던 바닷속 산호초를 떠올리게 했다. 푸른 타일이 만들어낸 수영장의 물색은 누구의 손도 닿지 않은 에메랄드빛 바다처럼 아름다웠고, 딱딱한 타일 바닥은 바닷가를 노니는 물고기 행렬처럼 보였다. 나에게 마법과 같은, 그러나 뻔하고 진부한 이 장면을 선물한 건 누군가 떨어뜨린 액세서리 파편이었다. 혹여 밟으면 아플 것 같아 얼른 건져 수영장 직원에게 건넨 그날 밤, 나는 마법과 같은, 그러나 뻔하고 진부한 꿈을 꾸었다. 짙고 푸른 물속, 그 안엔 푸른 산호초가 가득했고, 한 번도 본 적 없는 분홍색, 붉은색, 노란색 해양 생물이 춤을 추고 있었다. 빨간 수영복을 입은 나는 수경도, 수모도 없이 자유로이 그 안을 헤맸다. 숨 쉴 필요가 없어 자유형이 쉬웠고, 몸이 깃털처럼 가벼워 배영도 가뿐했다. 평영은 개구리보다 잘하는 것 같았고, 언제나 제대로 할 수 없던 접영 발차기마저 유연하게 성공하고 마는 것이었다. 그런 내 주위를 감싸고 있던 아름다운 물방울. 꿈속에서도 꿈인 줄 알고 있었지만 나는 깨고 싶지 않았다. 어디에선가 그때 그 남자애 목소리가 웅웅거리며 들려오는 듯했지만 그건 그냥 느낌뿐이었겠지. 무엇도 기억나지 않는 그 애 목소리가 들릴 리 없다는 걸 알면서도, 아무 장비 없이 빨간 수영복만으로 바닷속을 헤매는 건 일어날 수 없는 일이란 걸 알면서도, 물거품이 나를 에워싸는 건 만화에서나 가능한 걸 알면서도, 아무렴 어떠냐 싶었다.

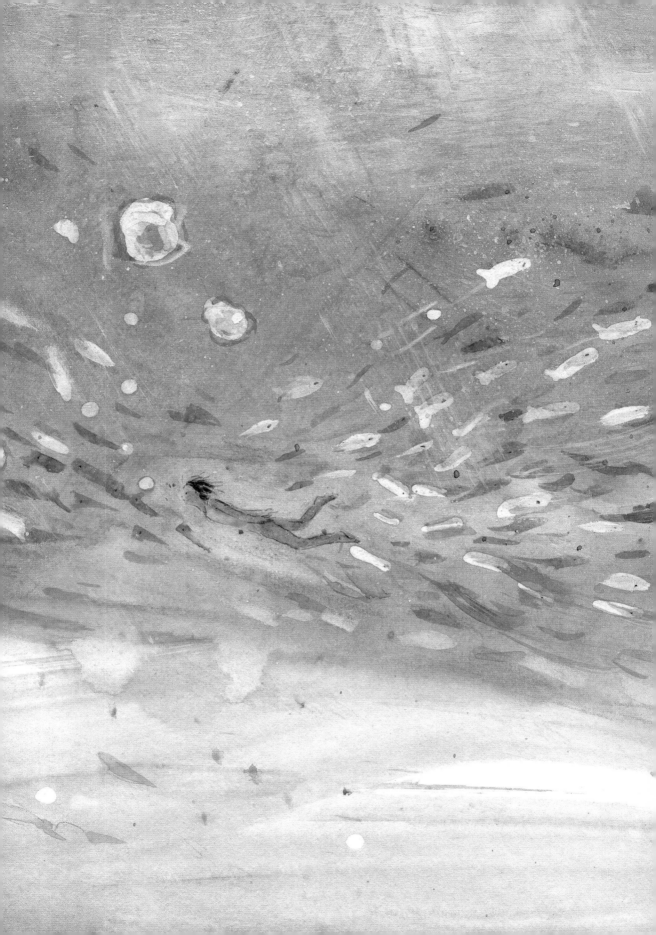

나의 성공적인 여행 실패기

**여행은 나라에서 허락한 유일한 마약이다. 음악도 산책도, 심지어 냉면마저도
나를 온전히 쉬게 하지 못한다. 오래 다니던 회사를 퇴사한 후 휴식이 필요한
내가 선택한 곳은 스페인이다.**

글·사진 김건태

건방지게도 나는 존경하는 사람이 없다. 세종대왕도 신사임당도
2022년의 나에겐 그저 화폐에 새겨진 얼굴에 불과하다. 그런 와중에 내가
위인이라고 생각하는 단 한 사람이 있었으니, 150년 현대 축구 역사의
올타임 레전드, 살아 있는 전설, 어떤 수식어로도 형용할 수 없는 이름,
아르헨티나 축구 선수 리오넬 메시다. 메시는 1987년생 토끼띠로 나보다
한참 동생이지만, 그는 나에게 형님이자 선생님이며, 역사이자 종교다.
그런 그를 역사이자 신념이며 종교다. 그를 만나기 위해 바르셀로나행
비행기에 오른 것은 일종의 계시나 다름없었다.
짐은 30리터짜리 작은 배낭에 옷 두 벌과 카메라 한 대가 전부였다.
그마저도 공간이 남아 읽지도 않을 시집을 세 권이나 챙겼다. 목적이
단순할수록 짐은 작아지기 마련이다. 스페인을 여행하는 이유가 딱 그
가방의 크기만 했다. 축구팀 FC바르셀로나의 공격수 메시를 보는 것.
그의 플레이를 직관하며 '메시아!'라고 크게 불러보는 일. "아르헨티나
사람을 만나기 위해 스페인에 간다는 건 조금 우스운 일이지 않아?"
메시 외에는 어떤 계획도 세우지 않았다는 내게 친구는 말했다. "너는
스페인을 낭비하는 거야." 그의 말에도 일리는 있었다. 하지만 어떤
꿈이든 유통기한이 존재하는 법이다. 30대에 접어든 메시가 은퇴 후
박물관으로 들어가기 전에 경기장에서 살아 움직이는 그의 플레이를
보고 싶었다. "너도 체 게바라를 만나러 쿠바에 갔잖아. 그가 아르헨티나
사람인 건 알고 있지?" 친구는 입을 다물었다.

열여덟 시간의 비행 끝에 바르셀로나에 도착했다. 서울에서 모스크바를
거쳐 바르셀로나에 닿는 동안 아침은 밤이 되었고, 겨울은 가을이
되었으며, 나는 여덟 시간 뒤의 시차를 사는 사람이 되었다. 숙소로 가는
택시에서 기사는 바르셀로나의 아름다움에 대해 한참을 떠들었다. 특히
가우디의 건축물 앞에서 조금 흥분한 듯 보였다. 만약 내가 스페인어에
능숙했다면 그는 아주 훌륭한 가이드였겠지만, 이번 여행을 위해 내가
익힌 로컬 언어는 "올라, 그라시아스, 떼 아모."뿐이었다. 조금 과장되게
말하자면 인사와 감사 그리고 사랑으로도 충분히 훌륭한 여행을 할 수
있다고 믿었다.

메시의 경기 전까지 아무런 계획이 없던 나는 바르셀로나의 낮과 밤을 하릴없이 걸었다. 카탈루냐 광장에서 오랜 시간을 보냈다. 사람들의 옷차림과 걸음걸이, 머리를 넘기는 방향이나 담배를 피울 때 어떤 호흡으로 연기를 뿜는지 같은 것들을 지켜봤다. 바르셀로네타 해변에서 발가락으로 모래를 들었다 낮다를 반복했고, 스페니시 기타를 연주한 버스커에게 동전을 건넸다. 한 무리의 미국인 관광객 사이에서는 시집을 읽는 척 가이드의 공짜 설명을 듣기도 했다. 밤에는 아르헨티나(메시의 국적) 식당에서 스테이크와 맥주를 마셨다. 여독이 풀리지 않아 금세 취기가 돌았다. 평소였다면 더 많은 술을 찾아 떠돌았겠지만, 스페인 밤거리의 악명을 들은 터라 일찌감치 숙소로 복귀했다. 창밖으로 '레알 마드리드(마드리드 연고의 축구팀으로 FC바르셀로나와 라이벌이다.)'를 연호하는 무리가 지나갔다. 나는 창문을 조금 열고 "비스까 엘 바르샤(바르셀로나 만세)!"를 외쳤다. 그러다 턱수염을 명치까지 기른 남자와 눈이 마주쳤고, 위험을 직감한 미어캣처럼 동물적인 감각으로 창문 아래 몸을 숨겼다.

바르셀로나에 도착한 후로 거의 매일 밤 타파스 바를 떠돌았다. 타파스 바는 다양한 안주를 작은 그릇에 담아 내오는 선술집으로, 새로운 친구를 사귀기에는 더없이 좋은 장소였다. 바르셀로나 사람들과 친구가 되는 방법은 두 가지였다. 메시를 찬양하거나 호날두를 욕하거나. 타파스 바에서 만난 마테오는 아틀레티코 마드리드(마드리드 연고의 또 다른 축구팀으로 레알 마드리드와 라이벌이다.)의 신봉자로, 메시를 보러 간다는 나를 '형제'라고 불렀다. "레알 마드리드의 적은 나의 친구!" 우리는 공공의 적 호날두를 오징어처럼 씹으며 맥주를 들이켰다. 헤어질 무렵 그는 바르셀로나에서 가장 맛있다는 하몽 집의 주소를 적어주며 자신의 이름을 말하면 멋진 서비스를 받을 거라고 덧붙였다. 멋진 친구도 사귀고 스페인에서 가장 맛있는 하몽을 먹을 수 있다니, 모든 게 완벽해 보였다. 다음 날 나는 마테오의 인생 하몽을 찾아 골목을 누볐다. 그러나 그가 알려준 주소에는 하몽 집 대신 구두 상점이 있었다. 몇 번을 기웃거린 끝에 나는 겨우 이렇게 말할 뿐이었다. "혹시 저기 쌓여 있는 게 하몽인가요?" 하비에르 바르뎀을 닮은 상점 주인이 대답했다. "저건 싸구려 돼지고기가 아니라 납작하게 손질한 버펄로 가죽이오." 그는 웃음기 없는 얼굴로 다시 말했다. "배가 고파서 그러는 거요?"

말마따나 '싸구려 돼지고기'를 위해 몇 시간을 헤맸지만 아무것도 건진 게 없었다. 생각해 보면 내가 마테오에 대해 아는 것이라곤 그가 지독한 곱슬머리라는 것과 하몽을 'Jamon'이 아니라 'Hamon'으로 적었다는 것뿐이었다. 토마토소스가 묻은 메모지에 아무렇게나 적은 주소만으로 하루를 날렸다고 생각하자 문득 나 자신이 대견하게 느껴졌다. '아무렴 바닥을 헤매는 게 여행이지.' 자기합리화의 대가답게 그런 생각을 하며 스스로를 다독였다.

대신 마트에 들러 하몽과 와인을 한 병 사 들고 벙커에 올랐다. 벙커는 스페인 내전 당시에 사용됐던 군사 기지로, 언덕 꼭대기에 자리해 있어 도시의 야경을 보기에 제격이었다. 저녁놀을 배경 삼아 키스하는 커플들 사이에서 나는 쭈구리처럼 앉아 도시가 붉게 물드는 광경을 찬찬히 지켜봤다. 아련한 분위기에 휩쓸려 와인 한 병을 순식간에 비웠다. 그때였다. 어디선가 바르셀로나 응원가가 들려오기 시작했고, 술에 취한 스페인 청년들을 따라 메시의 응원가를 불렀던 게 화근이었다. 패기 넘치는 청년들과 함께 싸구려 와인을 나눠 마신 뒤, 벙커를 내려와 골목 구석구석 자리를 옮겨 가며 술을 마셨다. 노래 부르고, 춤을 추고, 바지에 맥주를 쏟고, 토하는 스페인 친구의 등을 두들겼다. 그리고 기억은 딱 거기까지다. 대체 무슨 일이 벌어진 걸까? 간신히 눈을 떴을 때 나는 침대 위에서 머리를 감싸 쥐고 뒹굴고 있었다. 온몸에는 멍 자국뿐이었다. 내게 남은 건 오직 숙취 하나였다. 정말이지 그것뿐이었다.

"핸드폰을 잃어버렸어요. 아니, 도둑맞았어요. 지갑도요." 나는 전화하는 시늉을 하며 '스톨른'을 반복했다. 머리가 반쯤 벗겨진 경찰관은 이런 상황을 수천 번쯤 반복한 사람처럼 심드렁한 표정으로 폴리스 리포트를 내밀었다. 보험금을 위한 증빙 서류였다. "나는 지금 당장 핸드폰을 찾아야 해요. 그 안에 예약 번호가 있다고요. 메시를 만나야 해요. 제발. 제발. 제발." 경찰관은 도저히 이해할 수 없다는 표정을 지으며 동료에게 빠른 카탈루냐어로 말했다. 아마 이런 식이었을 것이다. "글쎄, 이 중국인이 핸드폰을 잃어버렸다는데 지금은 메시의 이름을 부르며 울고 있어. 대체 뭐라는 거야?"
그래서 어떻게 되었느냐고? 결론적으로 나는 메시를 만나지 못했다. 혹시나 하는 마음에 경기장 앞까지 갔지만 지갑을 잃어버린 나는 두 배 이상 오른 암표 가격을 감당할 수 없었다. 그날 메시는 해트트릭을 기록했고, 여행은 그걸로 끝이었다.
왜 그랬는지는 모르겠지만 한국으로 돌아오기 전 마지막으로 벙커에 다시 올랐다. 노을과 함께 바르셀로나 공식 스폰서 맥주를 마셨다. 또 어디선가 바르셀로나의 응원가가 들려왔지만 애써 반응을 참았고, 다만 조금 울었다. 허탈한 눈물과 헛웃음이 공존하는 밤, 이상한 일이지만 나는 그 광경이 썩 나쁘지 않다고 생각했다.

한국에 돌아와 다시 만난 친구는 나의 여행담을 듣자 실패한 여행이라며 한참을 비웃었다. 맞는 말이다. 어렵게 시간을 내어 떠났지만 메시를 만나지 못했으니 여행은 실패다. 하지만 떠나기 전 친구의 말처럼 내가 스페인을 낭비했느냐 생각해 보면 그건 모르겠다. 열여덟 시간의 비행 끝에 만난 유쾌한 택시 기사, 이름 모를 광장의 사람들, 무심코 들어간 식당에서 찾은 메시의 친필 사인, 벙커의 빛나는 저녁, 새로 사귄 친구들이 남았으니까. 무엇보다 나는 이제 공식적으로 소매치기를 당한 여행자가 되었고, 아주 오래도록 그 경험을 추억 속에서 우려먹을 것이기 때문이다. 자책골을 넣어 패배한 기분이지만 기억에 남는 것들이 있으니 그걸로 됐다. 나는 비록 실패했지만… 메시가 승리했으니 그걸로 충분하다(울먹).

여행에서 돌아오고 2년 뒤 메시는 바르셀로나를 떠나 프랑스 파리로 이적했다. 나는 더 이상 바르셀로나에서 메시를 볼 수 없게 됐다.

좋아하는 것을 숨기지 못하기

이리저리 뛰노는 완두를 바라보며, 잠시 완두가 되어 본다.

글·사진 전진우

끈을 풀어주고 산책할 수 있는 산 입구에 도착하면 완두는 발사되듯
뛰어나간다. 그래야만 했다는 듯이 우선 내게서 멀어지고, 몇 초 후에
나를 찾는다. 다시 묶이면 안 되니까 거리를 두면서 산에 있는 다양한
매력을 만끽한다. 다른 동물들 냄새를 쫓고 얼굴에 풀을 스치며 파고든다.
땅에 등을 비벼서 가려운 곳을 긁고 묻히고 싶은 냄새가 있으면 몸에도
묻힌다. 요즘 같이 더워진 날씨에는 걱정될 정도로 혀를 빼놓고 다니는데
그마저도 산을 껴안는 방법이라는 듯 계속해서 모든 것을 반복한다. 나는
적당히 깊은 숲까지 가서 어제 저녁부터 냉장고에 넣어 두었던 물을 작은
그릇에 부어 놓고 기다린다. 잡으려고 하지 않고 가만히 기다려 주는 것이
산에서 내가 할 수 있는 전부인 것이다. 10-20분 정도가 지나면 완두는
물을 마시러 내 곁으로 다가온다.

'내가 다른 사람에게 이걸 줄 수 있을까?' 나는 자주 생각한다. 개와
함께 평화로운 시간을 보낼 때도 이런저런 사람들을 떠올리는 걸
보면 인간관계에 참 관심이 많은 것 같다. 가족과 친구들, 연인들,
나와 시절인연을 보내는 이들에게 무언가를 받기보다는 주고 싶다고
생각하는데, 만약 그게 한 가지라면 나는 완두가 내게 주는 어떤 기분을
선물하고 싶다. 갑자기 등장해서 평생을 선물 받게 하는, 그런 경험까지는
애초에 줄 수 없다는 걸 안다. '평생 밥을 제공하는 경험을 선물할게.'라고

말하는 것도 지금 하려는 얘기는 아니다. 다만 몇 가지 떠오르는 걸 적어
보자면 이런 것이다. 좋아하는 것을 숨기지 못하기, 질투하고 미워하고
가끔 물 수도 있지만 너무 멀리 가지는 않기, 반갑게 인사하기, 나 말고
다른 누구와 함께 있든 결국 이해해 주기, 이상한 행동을 해도 옆에
있어주기, 외모나 마음의 변화가 있어도 크게 동요하지 않기 등등. 모든
걸 완두만큼은 잘할 수 없겠지만, 그걸 모두 선물 받은 사람으로 참
행복했기에 흉내라도 내고 싶은 마음이 들었다고 할 수 있다.

순간적이었지만, 골똘히 몇 가지 적어본 것들 중에서 어쩐지 나를 가장
떨리게 하는 선물은 '좋아하는 것을 숨기지 못하기'다. 산에서 보는 완두
모습에는 묘한 감동이 있다. 풀어 놓기만 해도 그렇게 좋아하는 모습을
보면, 여름 밤바다에서 갑자기 터지는 폭죽놀이를 바라보는 기분이 된다.
발걸음을 멈추게 되고, 멍하니 보고 있게 되고, 한 번 더 터지길 기다리는
마음. 어떤 존재가 그렇게까지 몸과 마음의 요동을 숨기지 않는 모습은
사실 살면서 보기 드문 일인데, 완두와 살면서는 자주 구경하고 있다.

아무리 봐도 질리지 않고 한 번 더, 한 번 더, 바라게 되는 것이다. 내가
사랑하는 사람들에게 나는 그런 내 모습을 보여준 적 있을까? 한 번이라도
더, 꾸밈없이 행복해하는 내 모습을 보여주고 싶다. 나이가 나이인 만큼
듬직한 어른으로 옆에 있어주는 모습도 좋고, 돈 잘 쓰는 사람, 잔소리
안 하는 사람이 되는 것에도 노력해야 하겠지만, 되려 내가 받고 싶은 게
뭘까 생각해 보면 역시 그들의 행복한 모습이다.

좋아하는 걸 마음껏 좋아하는 모습. 물론 나 때문에 행복한 것도
좋겠지만, 사실은 내가 제외되어도 괜찮다. 나를 잠시 잊어버릴 정도로
몰입한 어떤 순간에 내가 그 옆에 잠시 머물며 그 모습을 바라볼 수
있다면 얼마나 기쁠까. 이 마음은 순간의 풍경으로 시작한 이야기지만,
아주 긴 관계 속 여러 이야기에 적용해도 변하지 않는 힘을 지녔다.
우리가 서로 옆에서 지켜보고 있지 못하는 순간에도 상대의 기쁨을
감사해하고 도울 수 있다. 완두가 나를 좋아하면서 또 나를 잊은
채 산속을 누비길 좋아하는 것처럼, 내가 사랑하는 누군가는 나를
사랑하면서 다른 모든 것들을 사랑할 수도 있는 것이다.

예전에 읽고 좋아했던 윤동주 시인의 짧은 시를 옮겨 적는다. 이 시는
내가 완두를 사랑하게 되고서, 그 사랑을 다른 이들에게 전해주고 싶다고
생각했을 때 비로소 새로 읽을 수 있었다.

눈 위에서
개가
꽃을 그리며
뛰오

윤동주 〈개〉

우연인가 실력인가

선택을 나서며 인생을 뒤바꿀 만한 우연을
기대하지 않은 적은 한 번도 없었다.

— 포에하이하프르르소
그를 글을 한승제

함께 일하는 동료이자 친구인 한진이의 취미가 바뀌었다. 얼마 전까지의 낚시에 미쳐서
물어보지도 않은 사람한테 낚시 이야기를 하곤 했는데, 요즘은 농구에 미쳐 사는 것 같다. 물론
여전히 낚시에 흥미가 있다고 말하며 간간이 유튜브로 낚시 채널을 보긴 하지만 이미 낚시는
그에게 관심 밖의 일이 되어버렸다는 것을 내가 보이지 않아 더 잘 알고 있다. 나는 사무실에서
현관문에 가장 가까운 곳에 앉아 있고, 그래서 택배 기사님한테 모든 택배 상자를 건네받기
때문이다. 택배 상자만큼 자신을 잘 알려주는 물건은 없다. 주말에 분리수거 할 때 택배 상자를
잘 분류하다 보면 본인도 모르는 본인의 정체성을 찾을 수도 있다. 한진이의 택배는 주로 작은
것들이었다. 박스엔 알 수 없는 글씨가 쓰여 있었고, 가끔은 자전거 부품에 그려진 로고가
새겨져 있기도 했다. 자전거 기어를 만드는 회사가 낚시용품을 만들기도 한다는 사실을 한진이
덕분에 알게 되었다. 기사님한테 받은 낚시를 전해주면 한진이는 개처럼 신나게 박스를 뜯어서
작은 물건을 꺼내 들곤 했다. 처음에는 항상 부자가 그냥 손으로 부지직 찢어 열었다. 그리고
곧 박스에서 반짝거리며 흐느적거리는 것들을 적지라는 것들을 들고 흔들거린다. 친구에게 '개처럼'이라는
표현을 사용해 미안하지만 정말 매번 똑같은 행동을 반복하는 그의 모습은 언제나 어제 앞에
든 충분한 강아지를 연상시켰다.

한진아 택배 왔어. 우와아 왔구나! 갈 어딨지? 묵묵묵 이야...... (흐믈흐믈)
한진아 택배 왔어. 우와아 왔구나! 갈 어딨드라? 묵묵 묵묵묵 묵묵! 이야.... (흐믈흐믈)
한진아 택배 왔어. 우와아 왔구나! 너 혹시 갈 있니? 묵묵묵 묵묵 묵묵묵 이야...... (흐믈흐믈)

그렇게 쌓아 둔 지식과 낚시 장비를 모두 챙겨 들고 한진이는 여러 번 바다낚시를 떠났다.
나도 여러 번 한진이를 따라나섰다. 그렇지만 번번이 실패했다. 낚이 추워서, (무슨 뜻인지는
모르겠으나) 조황이 좋지 않아서, 채비가 맞지 않아서 낚시하기 전에 희를 먹어서
절박함이 없었기 때문에 실패한 것이라고 말하기도 했다. 그리고 나중에는 전 지구적으로
생선의 숫자가 감소했다는 데이터까지 찾아내기에 이르렀다. 가끔 작은 물고기가 잡히기도
했지만, 그것은 자신이 원하는 물고기라고 하며 왜 잡혔는지 의아해하다
하찮해하기도 했다. 한진이는 낚시를 잡하는 사람들은 원하는 것을 원하는 곳에서 잘 잡는다고
하는데 제대로 된 것을 잡는 걸 본 적이 없는 나로서는 낚시는 우연인가 실력인가 의아한
부분이기도 하다.

요즘은 한진이의 택배 상자가 조금(아주 약간) 커졌다.

한진아 택배 왔어. 우와아 왔구나! 갈 어딨지? 묵묵묵 이야.....

처음엔 농구공, 그다음엔 농구 양말, 농구화와 농구 저지는 직접 구매했다. 그다음엔 무릎
보호대가 택배로 왔고, 그다음엔 발목 보호대가 왔다. 그다음엔 좋은 무릎 보호대와 더
좋은 발목 보호대가 왔다. 한진이가 나서서 한진이의 건강 상태까지 일일게
되었다.

나는 산책을 자주 하는 편이다. 광화문 주변으로 짐을 옮긴 후로 산책이 더 잦아졌다. 때로
전시를 보거나 특별한 장소를 방문하기 위해 계획하고 짐을 나서기도 하지만 대부분 바깥과

연결되고 싶은 기본으로 선택을 나선다. 창문 안쪽 세상과는 달리 창문 바깥의 세상은 무궁무진한 가능성이 열려 있다. 집 안에서도 물론 재밌는 일을 많이 만들 수 있다. 책을 읽거나, 사운드 클라우드를 틀어 놓고 춤을 추거나 영화를 볼 수도 있다. 넘들보다 훨씬 빈번한 빈도로 가구 배치를 바꾸기도 한다. 하지만 집 안에서는 예상하지 못한 일이 벌어지지 않으니까 그런 것들이 따분하고 지루하게 느껴지기도 한다. 최근 집 안에서 발생한 우연은 집 앞에 배달 음식 도착한 줄 모르고 한 시간 동안 기다림, 버리려고 했던 행거의 쓸 만한 용도를 찾음, 책장 높이와 스피커 높이가 꼭 같다는 것을 알게 됨… 등등이었다. 집 안의 우연들이 소소한 즐거움을 가져다주기는 하지만 그것은 겨우 무릎 높이에서 수영하는 것 같은 시시한 일일 뿐이다. 어느 것도 나에게는 위험이 되지 않으며 나를 변하게 만들지도 않는다. 택배 상자 또는 것처럼 그때그때 반응하고 지나갈 뿐이다.

오—스피커랑 선반이랑 높이가 같다! 오오!! 배달 음식 안 온 줄 알았는데 다 식었어!!!! 오오오!!!! 행거! 행거!! 행거!!! 행거에 하문 매달아야겠다!!!!!

매번 엄청나게 즐거운 일이 일어나기를 기대하며 집을 나서는 것은 아니지만 늘 기대하는 무언가가 있다. 내가 모르는 세계와의 조우를 꿈꾸며, 세상과 나의 뒤섞임을 기대하며, 그것이 나를 균열에 빠트릴지라도 나를 뒤흔들어 주기를 기대한다. 모든 영화의 시작이 그러하듯이 우연이 발생해 주기를 한다면 그다음부터는 모든 이야기를 술술 풀어갈 수 있다. 하찮은 우연이라도 점화해 주기만 한다면 나는 아무쪼록 열심히 해볼 각오가 되어 있다. 하지만 우연이라는 것이 쉽게 발생하는 것은 아님을 금세 깨닫는다. 아파트 복도에 나 있는 출입문은 모두 닫혀 있어 그 누구의 모습도 볼 수 없고 누구의 소리도 들을 수 없다. 식당과

카페에서는 창문 안쪽에서 어느 사람들끼리 어울려 사진을 찍으며 소소한 우연을 만들고 있다. 안에 있는 사람들에겐 무슨 재미인지 모르겠지만 바에서 보기엔 그저 보기 좋은 그림처럼 보일 뿐이다. 그렇게 우연은 박으로, 유리로 안전하게 차단되어 있다. 길에서 시비를 가는 사람도, 길을 묻는 사람 하나 없이 산책은 비단길처럼 편안하게 이어진다. 길에서 만난 가장 흥포한 사람은 길거리 한가운데 패를 쓰는 아이였고, 인류에게 남은 마지막 우연이 그 아이의 손에 쥐어진 듯 길을 지나는 사람은 모두 그 아이를 바라보았다. 아이의 부모는 팔짱을 끼고 아이가 얼어나 주기만을 기다렸다. 주 예수를 믿으라며 큰 소리로 떠드는 사람도 이젠 배경이 되어버린 지 오래다. 같은 색 옷을 입고 일하다고 암하며 접근하는 이마 좋은 젊은 그들을 나눠주는 기 작은 패거리들도, 인상이 맑아 보인다고 말하며 보이는 이마 좋은 젊은 그들을 태연하게 배경이 되어버린 지 오래다. 그들의 거짓 호의를 못 들은 척 지나쳐도 그들은 태연하게 받아들인다. 다음 사람을 찾아 나설 뿐 다시 붙러 세워 적극적으로 쫓아오려 들지 않는다. 나 역시 스스로 우연을 만들어내지 못하고 나에게로 되물려 지들에게만 인사한다. 길에서 만난 고양이에게 "안녕?" 작게 인사하고 오래전에 지은 건물과 새로 돋아난 나뭇잎을 쳐다본다. 더 이상 바깥에서도 우연을 기대할 수 없다는 것을 확인하고 나면, 나는 그제야 다시 집으로 들어온다. 마트에 들러 2리터짜리 오렌지 주스를 하나 사고 네 개에 만 천 원 핵주를 살까 말까 고민한다. 지난주에도 핵주 샀었지… 지난주에도 오렌지 주스 하루 만에 다 마셨지… 그럼 두 개 살까? 그럼 이틀에 4리터를 마시는 건데 그건 좀 이상해… 핵주까지 모두 6리터 액체를 이고 무겁게 현관으로 들어서며 속으로 한탄한다.

도대체 왜 나에겐 아무런 일도 일어나지 않는가! 왜 한진이에겐 고기가 잡히지 않는 것인가! 산책은 우연인가? 실력인가?

어른들의 쉬는 시간

글 한수희
일러스트 서수연

어른이 되고 난 후에야 알게 되었다. 쉬는 시간이라는 것은 절대로 공짜로 주어지지
않는다는 사실을, 스스로 진지하고 단호하게 만들어내지 않으면 안 된다는 사실을.

이 글을 쓰고 있는 오늘 나의 머릿속은 오로지 한 가지 생각으로 가득 차 있다. 쉬고 싶다. 아무것도 하지 않고 쉬고 싶다. 그저 쉬고 싶다.

생각해 보면 벌써 십수 년째 이런 마음이었던 것 같다. 결혼을 하고 아이 둘을 낳아 기르며 일을 하고 집안일을 하며 살아간다는 것은 잠자는 시간 빼고는(아니, 잠자는 시간조차) 24시간 격렬하게 오고무를 추고 있는 것과 비슷한 일이다. 제정신일 수가 없다. 매일 앓아눕듯이 잠자리에 들어 온갖 악몽에 시달리다가 소스라치게 놀라며 잠에서 깬다. 그리고 또 눈을 비비며 오고무를 춘다. 북을 찢을 기세로 격렬하게, 손이 보이지 않을 정도로 빠르게. 아침부터 나는 어서 빨리 밤이 와서 누울 수 있기만을 소망한다. 언젠가는 나도 마음껏 쉴 수 있을까? 누구도 돌보지 않아도 되는 날이 올까? 어쩌면 정말로 앓아눕기라도 해야 겨우 쉴 수 있을지도 모른다. 아니면 아예 집을 나가버리거나.

그런 마음으로 나는 김진영의 책 《아침의 피아노》와 조지아 영화 〈마나나의 가출〉(2017)을 다시 들춰 본다. 한 철학자의 유고집과 중년 여성의 가족 탈출기를 어떻게 엮어야 할지 궁리한다. 솔직히 큰일 났다는 생각이 든다. 죽음을 앞둔 남자와 집을 나오려는 여자, 둘 사이에 어떤 공통점이 있다는 말인가. 하지만 이 책과 영화를 선택한 것은 나다. 어떻게든 해결을 봐야 해. 마음을 다잡으며 영화를 다시 보고 책을 다시 읽다가 이런 구절을 발견한다.

《댈러웨이 부인》을 읽는다. 여러 번 강의했고 여러 번 읽었던 텍스트. 그런데도 우연히 펼쳤을 때 문장들이 눈을 뜨면서 빛났다.

밤하늘의 초롱초롱한 별빛처럼. 그래도 첫 문장의 빛은 역시 해맑은 아침 햇빛이다. "댈러웨이 부인은 꽃은 자기가 스스로 사겠다고 말했다."
— 김진영, 《아침의 피아노》 중에서

영화 〈마나나의 가출〉의 주인공 마나나는 조지아의 중년 여성이며 교사다. 조지아가 어디에 붙은 나라인가. 대충 유럽과 아시아 사이의 이름도 헷갈리는 여러 나라들 중 하나인 것 같다. 사람들의 얼굴과 사는 모습도 유럽과 아시아의 사이에 있는 것 같아 보인다. 그 나라에서 마나나는 나이 든 부모와 딱히 하는 일이 없는 것 같은 한량 남편, 성인이 된 자녀들, 심지어 그들의 애인까지 함께 비좁은 아파트에서 산다. 마나나의 집은 늘 북적대고 소란스럽다.

영화의 시작부터 마나나의 얼굴은 잔뜩 지쳐 있다. 남편은 아내의 생일을 축하하겠다며 떠들썩한 파티를 열지만, 마나나가 원한 것은 이런 것이 아니다. 그가 원한 것은 그저 저녁 대신 케이크 한 조각을 먹고 쉬는 것뿐이다. 그러나 그것조차 제멋대로 할 수 없다. 마나나는 지쳤다. 완전히 지쳤다. 그 얼굴은 내가 잘 아는 얼굴이다. 지친 여자의 얼굴. 소란스러움에 질려버린 여자의 얼굴. 무언가를 참고 참으며 살아온 여자의 얼굴. 꾹꾹 누르며 살아온 여자의 얼굴. 목덜미가 돌처럼 단단하게 굳은 여자의 얼굴. 쿨파스를 붙여도, 물리치료를 받아도 해결되지 않는 얼굴. 아무것도 필요 없으니 그저 혼자 있고 싶은 여자의 얼굴.

마나나는 결국 결정을 내린다. 혼자서 살 낡은 아파트를 하나 구해 집을 나가기로 한 것이다. 마나나의 결정은

진지하고 단호하다. 그가 원하는 것은 대단한 것이 아니다. 댈러웨이 부인처럼 꽃은 스스로 사겠다는 것이다. 그는 성인이며 무엇을 하건 누구의 허락도 구할 필요가 없다. 그럼에도 가족들은 단체로 패닉에 빠진다. 대체 왜 집을 나가겠다는 거냐고, 누가 상처를 주기라도 한 거냐고, 다들 참고 사는데 너는 왜 이제 와서 집을 나가겠다는 거냐고 사돈에 팔촌까지 몰려들어 따지지만 마나나는 대꾸조차 하지 않는다. 그는 그저 이 모든 소란이 피곤할 뿐이다. 쉬고 싶을 뿐이다.

가족들을 뿌리치고 기어이 집을 나온 마나나는 고요한 자신의 아파트에 홀로 앉아 있다. 열어둔 창 너머로 커다란 나무의 연두색 잎들이 불어오는 바람에 박수를 치듯 흔들린다. 마나나는 책 한 권과 케이크, 차를 곁에 둔 채 창밖을 바라보고 있다. 아파트 안에는 모차르트의 '터키 행진곡'이 흐른다. 이 장면을 보면서 나는 마나나가 왜 가족들에게 가출의 이유를 말하지 않았는지, 그들을 설득하려 하지 않았는지를 알게 됐다. 홀로 행복할 수 있는 사람은 타인의 이해를 구할 필요가 없는 것이다.

그 아파트에서 마나나는 자신을 위해 천천히 요리한다. 밤이면 기타를 치며 오래전 그만둔 노래를 부르기도 한다. 마나나가 원한 것은 고요와 자유다. 누구도 돌보지 않아도 되는, 오직 자신만을 돌보면 되는 자유. 그런 마나나의 생활을 대리만족하듯 훔쳐보며 나는 이 문장을 떠올린다.

> 문득 어떤 영웅의 삶을 생각한다.
> 조용하고 장엄한 삶의 주인공들.
> —《아침의 피아노》 중에서

오랫동안 중년의 여성들은 나에게 미스터리한 존재였다. 사실은 지금도 그렇다. 20대에는 30대와 40대 여성들이 그랬고, 30대에는 40대와 50대 여성들이 그랬다. 그리고 40대인 지금은 50대와 60대 여성들이 그러하다. 내가 그들을 미스터리한 존재로 여긴 이유는, 그들이 내 미래의, 그러니까 가까운 미래의 모습이기 때문이었다. 과연 나도 저들처럼 늙게 될까?

영화 속 마나나와 마나나의 오랜 친구들을 본다. 한때는 달걀 껍데기처럼 매끈하게 빛났을 피부가 칙칙한 색으로 내려앉은 것을 본다. 숱이 줄어든 거친 머릿결과 둥글고 펑퍼짐한 몸매를, 셀룰라이트가 울퉁불퉁한 굵은 팔뚝을 본다. 저 몸은 정도의 차이는 있을지언정, 매일 아침 거울에서 보는 내 몸과 비슷하다. 저 듀공 같은 몸매의 여자들에게 나는 이제야 동지애를 느낀다. 나도 완연한 중년 여성이 되어버린 것이다.

다리가 아프다면서도 엘리베이터를 향해서는 전력 질주하는 중년 여성이, 꽃과 나무를 보며 "예쁘다!"고 외치고 또 외치는 중년 여성이, 굵은 팔뚝과 볼록한 아랫배를 가리기 위해 최선을 다하는 중년 여성이, 집에만 가면 얼굴 가죽이며 이목구비가 바닥을 향해 내려앉는 중년 여성이 나도 되어버린 것이다. 가끔 어딘가에 멈춰선 채로 '달아나고 싶다. 아무도 모르는 곳으로' 하고 중얼거리는 중년 여성이 되어버린 것이다.

> 내가 존경했던 이들의 생몰 기록을 들추어 본다. 그들이 거의 모두 지금 나만큼 살고 생을 마감했다는 사실을 발견한다. 내 생각이 맞았다. 나는 살 만큼 생을 누린 것이다.
> —《아침의 피아노》 중에서

철학자 김진영은 이른 나이에 암 선고를 받았다. 이렇게 쓰고 나서 나는 '아직 이른 나이'라는 것에 대해서 생각해 본다. 어떤 병을 앓는 데 '이른 나이'라는 것이 있을까. 장난감을 손에 쥐고 머리를 하얗게 민 채 손등에 주삿바늘을 꽂고 있는 아기들의 사진을 보면 산다는 것은 불공평한 일이라는 생각밖에 들지 않는다. 삶은 태어난 누구에게나 공짜로, 동일하게 주어지는 조건이지만, 죽음은 그렇지 않다. 죽음은 무작위다. 우리가 언제, 어떻게 죽을지 대부분의 경우 우리는 선택할 수가 없다. 죽음은 우리를 선택하고, 우리는 속수무책으로 끌려갈 수밖에 없는 것이다.

언젠가부터 나는 죽은 사람들의 사망 연도와 출생 연도를 놓고 그들이 몇 살에 죽었는지를 계산해 보기 시작했는데, 많은 사람들이 내 또래의 나이에, 내가 얼마 지나지 않아 도달할 나이에 죽었다는 사실을 알게 되었다. 어릴 때는 남의 집 담벼락에 난 실금처럼 보였던 것들이다. 지금은 그렇지 않다. 죽음은 다음 달의 아파트 관리비만큼이나 가까이에 있다. 김진영은 고작 60대 중반에 삶을 마감했다.

> 힘이 없다. 많이 힘들다. 그러나 나는 힘들다고 말하지 않는다. 그 대신 그동안 잊었던 나의 주제를 기억한다. 그래, 나는 사랑의 주체다. 사랑의 마음을 잃지 말 것. 그걸 늘 가슴에 꼭 간직할 것.
> ─《아침의 피아노》중에서

《아침의 피아노》를 읽으면서 가장 놀랐던 것은 '사랑의 주체'라는 표현이었다. 아, 이렇게 생각할 수도 있구나. 죽음이 코앞에 다가와 있어도 나만을, 내 고통만을 생각하지 않을 수 있구나.

나는 누군가에게서 사랑을 받고, 인정을 받고, 지지를 받고, 배려를 받아야만 하는 존재라고 느낄 때 인간은 작아진다. 내가 누군가를 사랑하고, 인정하고, 지지해 주고, 배려해 주는 존재라고 느낄 때 인간은 커진다. 그렇다고 믿는다. 그것을 병중의 시간에도 되새겼던 김진영의 맑고 꼿꼿한 정신과 마음에 나는 놀라고 만다. 이 책 속의 문장들은 짧지만, 이 짧은 문장에도 수없이 많은 것들이, 무거운 것들이, 깊은 것들이, 중요한 것들이 꾹꾹 눌러 담겨 있는 듯하다. 얼마 남지 않은 생을 바라보며 그는 그렇게 쓸 수밖에 없었을 것이다. 앞으로 고꾸라지려는 자신의 존재를, 손에 쥔 연필의 힘으로 간신히 지탱했을지도 모른다. 그리하여 그의 글씨에는 그 자신의 무게가 오롯이 담겨 있을 것이다.

언젠가 죽음이 나를 찾아온다면 나는 이 아름답고 고고한 책을 책장에서 빼내어 한 글자, 한 글자 천천히 읽을 것이다. 적어도 이 책을 읽는 순간만큼은 용감해질 수 있을지도 모른다.

어느 주말 저녁에 가족과 함께 티브이로 백상예술대상 시상식을 보고 있었다. 남우조연상을 받은 조현철이라는 배우가 시상대에 오르더니 수상 소감 대신 지금 이 시간 죽음을 향해 다가가고 있는 병상의 아버지에게 이야기를 전하겠다고 했다. 그는 멋쩍은 말투로 죽음이란 존재 양식의 변화일 거라고 말했다. 그리고 창문 밖에 보이는 빨간색 꽃이 할머니라고, 그러니까 아빠, 두려워하지 말라고 덧붙였다. 그의 목소리가 조금 떨렸다. 거기에서 끝났더라면 이것은 그저 아버지의 죽음을 앞둔 아들의 가슴 뭉클한 영상 편지에 그쳤을 것이다. 그러나 그는 거기에서 더 나아갔다.

그는 아버지의 도래할 죽음에서 그와는 일면식도 없는 이미 죽어버린 사람들을 기억해 냈다. 세월호에 탔던 아이들, 환경재해의 피해자, 비정규직 노동자, 산업재해 피해자들의 이름을 하나하나 불렀다. 사회적인 죽음을 맞이한, 우리에게 그 책임의 일부가 있는, 우리 또한 어쩌면 그들의 처지가 될 수도 있을, 어쩌면 우리를 대신해 죽었을 그들의 이름을 불렀다. 그리고 그는 말했다. 죽은 이들은 우리 곁에 있다고. 내가 분명히 느꼈다고. 드물게 아름다운 소감이었다. 오랫동안 기억하고 곱씹게 될 말들이었다.

나는 죽음이란 것은 존재 양식의 변화라는 그 말에 죽음에 대한 나의 두려움을 기대어 본다. 언제가 될지 모를 내 영원한 휴식의 날까지 이 세상을 어떤 자세와 어떤 템포로 걸어야 할지 생각해 본다. '나는 사랑의 주체다'라는 말을 입안에서 굴리듯이 계속해서 발음해 본다.

일단은 책상에 앉아, 턱을 괴고, 창밖의 나무를 바라본다. 마나나가 그랬던 것처럼. 마치 쉬는 것처럼. 머릿속에서 모차르트의 선율이 흐른다. 산다는 건 때때로, 마음이 아플 정도로 좋은 일이다.

> 아침 바람에 나뭇잎들이 흔들린다. 가지 끝 작은 잎들까지 조용하게 기쁘게 흔들린다. 흔들림들 사이로 빛들이 흩어져서 반짝인다. 나무 아래로 사람들이 지나간다. 혼자서 둘이서 걸어간다. 노란 가방을 멘 아이도 종종걸음으로 걸어간다. 모두들 가로수 잎들처럼 흔들린다. 그들의 어깨 위에서 흩어진 빛들이 강 위의 파동처럼 반짝인다. 고요함과 기쁨으로 가득해서 엄숙한 세상을 바라본다. 그 한가운데 지금 나는 있다.
> ─《아침의 피아노》중에서

Book ─《아침의 피아노》| 김진영 | 한겨레출판

Movie ─〈마나나의 가출〉(2017)

산책길

우리 눈에 밟힌 장면들

무인 아이스크림 가게 | 발행인 송원준
저녁이 되면 첫째의 공부 시간을 위해, 방해꾼 둘째를 데리고 강제 산책을 해야 한다. 산책하기 싫다고 할 때마다 '그곳'을 얘기하면 신나서 뛰기 시작한다. 마을을 한 시간 동안 돌고 도착하는 산책의 최종 목적지, 무인 아이스크림 가게이다.

언젠가 조깅을 할 테야 | 편집장 김이경
해외여행에서 만나는 현지인의 삶은 이방인인 나에게 건강한 자극을 준다. 특히 조깅하는 모습에서 강한 생명력을 느끼는데, 문제는 그럼에도 불구하고 아직 아침 조깅을 해 본 적이 없다는 것. 언젠가는….

아가의 그것 | 에디터 이주연
포대기 아래로 떨어지는 작디작은 것들은 상상만으로도 서글프고 아름답다. 눈에 잘 띄는 곳에 살포시 올려두고 짝에게 돌아가길 바라는, 두리번의 쓸모.

남의 집 빨래 | 에디터 김지수
해 쨍쨍한 날 알록달록 널려 있는 빨래 풍경. 아기의 작은 양말, 아빠의 메리야스. 옷가지들이 바람에 날리는 모습이 사랑스럽다. 남의 집 빨래를 빤히 보는 건 어쩐지 실례 같아서 눈을 돌리지만 앞으로 걷다가도 뒤돌아서 자꾸만 시선을 멈춘다.

개와 고양이 | 디자이너 양예슬
네 발 달린 친구들을 사랑해.

위안의 풍경 | 디자이너 손혜빈
이를테면 이런 것. 입천장을 닮은 구름, 바람 소리로 말을 거는 나무, 쭈그려 앉아 꽃향기를 맡는 아이, 신난 강아지, 누군가 벽에 끄적인 낙서, 서로 닮은 연인과 가족들.

여름 노을 | 마케터 윤혜원
날씨에 따라 여러 색으로 물드는 여름 해 질 무렵. 녹녹한 날의 진분홍빛 하늘이 곧 찾아온다. 노을을 향해 어디로 유람할까. 빗물 고인 웅덩이에 발이 빠져도 멀쩡한 샌들을 신고 발길이 닿는 대로 걸어야지.

어!? | 마케터 장희수
나의 산책 습관은 좋았던 길을 계속 빙빙 맴도는 거다. 그러다 보면 마주친 분들을 다시 보곤 하는데, 눈썰미가 좋은 나는 한눈에 알아본다. 이내 속으로 '어!?' 아까 그 사람이다. 반가워요!

춤추는 나무, 흐뭇한 구름 | 에디터 김현지
바람이 간질럼 태우니 나무들이 몸을 흔든다. 키가 큰 나무, 가지가 많은 나무, 잎이 넓은 나무, 기울어진 나무의 군무가 유치원 재롱 잔치처럼 제각각 달라 귀엽다. 구름도 나와 같은 마음인지 흐뭇하게 내려보고 있네.

감쟈의 환영 | 에디터 이다은
우리 가족의 영원한 아기 이감쟈가 가끔 이모(나)네 놀러왔을 때 걷는 산책길이 있다. 감쟈가 흙도 밟고 오줌도 누고 귀여움도 묻혀 둔 길인데, 거길 지날 때마다 도도도 앞서 걷는 감쟈가 보고싶어진다. 환영이 보일 지경….(감쟈 / 5세, 건강함)

무심코 두고 간 것 | 에디터 이명주
동료들과 점심 먹고 연남동 곳곳을 쏘다니다보면, 누군가 무심코 두고 간 것들이 보인다. 얼마 전에는 손때 묻은 곰인형도 있었지. 괜스레 내가 걸어온 길을 쓱 살펴보다가 얼굴도 모르는 사람의 무심함을 떠올린다.

꽃집, 자전거 수리점, 동물병원 | 브랜드 프로젝트 디렉터 하나
망원동에 유독 많은 세 가지. 발견할 때마다 동네 사람들의 일상을 그려보게 되고, 안전한 기분을 느낀다.

반짝이는 도시의 여름 | 브랜드 프로젝트 매니저 하지영
한강을 따라 나릿나릿 걷던 어느 밤. 초여름 선선한 밤공기와 인사하고, 노란색과 파란색 반짝이는 불빛으로 물든 동호대교에 기대 물었다. 오늘 하루 모두가 안녕하였냐고. 그것이면 되었다고 생각했다.

집 앞 마술가게 | 브랜드 프로젝트 매니저 정현지
우리 집 앞에는 마술가게가 있다. 꽃집과 홍제천으로 들어가는 길 사이에 있는 오묘한 그곳. 항상 꼭 닫혀 있는 모습이 마치 호그와트로 가는 문 같다. 사실 운영을 안 하는 것 같지만, 마술가게라고 걸려있는 것만으로도 나의 동심을 자극하기엔 충분하다! 저 안엔 해리가 있다고 믿을래.

장미가 폈다는 건 | 브랜드 프로젝트 매니저 지정현
출근할 때 경의선 숲길을 걸으며 소소한 산책을 즐기는데 우연히 담벼락 너머 만개한 장미를 봤다. 장미가 요맘때 피던가. 스마트폰을 꺼내 검색해보니 5월 말 즈음해서 개화한다고 한다. 봄인지 여름인지 변덕스러운 날씨 탓에 걸쳐 입었던 셔츠의 소매를 걷어붙였다. 이제 곧 있으면 여름이구나. 내년부턴 장미로 날씨를 가늠하겠구나. 생각하면서.

Vol.01	Vol.02

Vol.01 Vol.02 Vol.03 Vol.04 Vol.05 Vol.06 Vol.07 Vol.08 Vol.09 Vol.10

Vol.11 Vol.12 Vol.13 Vol.14 Vol.15 Vol.16 Vol.17 Vol.18 Vol.19 Vol.20

Vol.21 Vol.22 Vol.23 Vol.24 Vol.25 Vol.26 Vol.27 Vol.28 Vol.29 Vol.30

Vol.31 Vol.32 Vol.33 Vol.34 Vol.35 Vol.36 Vol.37 Vol.38 Vol.39 Vol.40

Vol.41 Vol.42 Vol.43 Vol.44 Vol.45 Vol.46 Vol.47 Vol.48 Vol.49 Vol.50

Vol.51 Vol.52 Vol.53 Vol.54 Vol.55 Vol.56 Vol.57 Vol.58 Vol.59 Vol.60

Vol.61 Vol.62 Vol.63 Vol.64 Vol.65 Vol.66 Vol.67 Vol.68 Vol.69 Vol.70

Vol.71 Vol.72 Vol.73 Vol.74 Vol.75 Vol.76 Vol.77 Vol.78 Vol.79 Vol.80

Vol.81 Vol.82 Vol.83 Vol.84

AROUND CLUB

《AROUND》는 격월간지로 홀수 달에 발행됩니다. 정기구독을 신청하시면
매거진과 함께 한 명의 작가가 1년간 연재하는 에세이·포스터 시리즈
'어라운드 페이지', 그리고 어라운드 온라인 콘텐츠 이용권이 제공됩니다.

1년 정기구독

《AROUND》 매거진(총 6권)
& 어라운드 페이지 & 온라인 콘텐츠 이용권
97,200원 / a-round.kr

Publisher

송원준 Song Wonjune

Editor in Chief

김이경 Kim Leekyeng

Senior Editor

이주연 Lee Zuyeon

Editor

김지수 Kim Zysoo

김현지 Kim Hyunji

이다은 Lee Daeun

이명주 Lee Myeongju

Art Director

김이경 Kim Leekyeng

Senior Designer

양예슬 Yang Yeseul

Cover Design Guide

오혜진 O Hezin

Cover Image

이진희 Lee Jinhee

Photographer

김혜정 Keem Hyejung

임정현 Lim Junghyun

장수인 Jang Sooin

최모레 Choe More

해란 Hae Ran

Project Editor

김건태 Kim Kuntae

전진우 Jun Jinwoo

정다운 Jung Daun

한수희 Han Suhui

한승재 Han Seungjae

Illustrator

서수연 Seo Sooyeon

추세아 Choo Sea

휘리 Wheelee

AROUND PAGE

임진아 Im Jina

Marketer

윤혜원 Yoon Hyewon

Copy Editor

기인선 Ki Inseon

Management Support

강상림 Kang Sanglim

Advertisement

김양호 Kim Yangho

김갑진 Kim Gabjin

하나 Hana

Publishing

㈜어라운드

도서등록번호 제 2014-000186호

출판등록일 2009년 12월 5일

ISSN 2287-4216

창간 2012년 8월 20일

발행일 2022년 6월 29일

AROUND Inc.

서울시 마포구 동교로51길 27

27, Donggyoro 51-gil, Mapo-gu, Seoul, Korea

광고 문의 / 070 8650 6378

구독 문의 / 070 8650 6375

around@a-round.kr

a-round.kr

instagram.com/aroundmagazine
